Hans Locher, Royal College of Surgeons of England

Zur Lehre vom Herzen

Gratulationsschrift zum fünfzigjährigen Stiftungsfest

Hans Locher, Royal College of Surgeons of England

Zur Lehre vom Herzen
Gratulationsschrift zum fünfzigjährigen Stiftungsfest

ISBN/EAN: 9783743485921

Hergestellt in Europa, USA, Kanada, Australien, Japan

Cover: Foto ©berggeist007 / pixelio.de

Weitere Bücher finden Sie auf **www.hansebooks.com**

Zur

Lehre vom Herzen.

Gratulationsschrift,

der medicinisch-chirurgischen Gesellschaft des Kantons Zürich

an ihrem

fünfzigjährigen Stiftungsfeste

den 7. Mai 1860

überreicht

von

Dr. Hans Locher,

Spitalarzt am Thurgauischen Kantonsspitale zu Münsterlingen.

Erlangen.

Verlag von Ferdinand Enke.

1860.

Einen

Herzensgruss

dem gesammten heute jubilirenden Vereine!

Dreifachen Herzensgruss

dem früheren vieljährigen Präsidenten dieses Vereins,

dem Herrn

Professor Dr. Locher-Balber,

meinem innigst geliebten Vater!

Inhalt.

		Seite
I.	Zur Geschichte	1
II.	Zur Anatomie	72
III.	Zur Physiologie	83
IV.	Zur Pathologie	99
V.	Zur Therapie	111

I. Beiträge zur Geschichte unserer Kenntnisse von den Herzkrankheiten.

> Ingenio humano non sunt alae addendae, sed plumbum.
> Baco.

> Le plus grand défaut de la pénétration n'est pas de n'aller point jusqu'au but, c'est de le passer.
> La Rochefoucauld.

An diese Aussprüche des weisen und praktischen Britten und des klugen zersetzenden Franzosen vermögen wir charakteristischer Weise kein entsprechendes Motto aus der deutschen Literatur anzureihen. Die deutsche Geistesschwinge will nichts vom Bleie wissen, welches sie zur Erde niederziehen soll; und es kümmert sie wenig, dass sie „ihr Ziel überfliegt", wenn sie überhaupt nur fliegen darf.

Bezeichnend für die Forschungsmethode der frühern Jahrhunderte ist der geringe Grad von Aufmerksamkeit, welchen sie der anatomischen Untersuchung des Herzens und der krankhaften Prozesse schenkte, welche in diesem Organe auftreten. Eine Zeit, welche sich in maassloser Speculation über die Rolle gefiel, welche das Herz im geistigen Haushalte spielen sollte, welche schon lange vor Aristoteles auf derartige Präsumptionen schimmernde philosophische Systeme baute und welche, obwohl im Lauf fast von Jahrtausenden manchen guten Glauben und manchen frommen Wahn in Trümmer legend, doch unerschütterlich daran festhieng, im Herzen die Werkstätte der Seele zu erblicken oder wenigstens unser ganzes Gefühlsleben von diesem Organe abhängig zu machen: ein solches Zeitalter hat es niemals über sich gebracht, mit klarem Auge, unbefangenem Sinne und scharfem Skalpell das Herz zur Hand zu nehmen und sich zu fragen: wie sieht nun eigentlich dieses Ding aus, auf welches wir den Prachtbau unsers Tiefsinnes gründen? Und noch weniger vermochte man sich zu der Frage zu erheben: kann wohl dieses Organ, in welches ich mein Dichten und Trachten, mein Hoffen und Trauern verlege, auch krank werden, wie ich mein Auge, meine Hand, meinen Magen krank werden sehe, und, wenn es erkrankt, welches Aussehen, welche Beschaffenheit gewinnt es?

Erst gegen die Mitte des siebzehnten Jahrhunderts suchte Harvey die Frage nach dem normalen Verhalten des Herzens und der Art und Weise seiner Thätigkeit nach jener Methode zu beantworten, welche die Welt seinem unsterblichen Landsmanne, Baco, dankt, nämlich nach der experimentellen. Unter solchen Auspicien konnte die Lösung jener Frage nicht lange auf sich warten lassen, und wirklich ward sie auch glänzend und umfassend gelöst. Mit Harvey beginnt nicht bloss unsere Kenntniss von der Physiologie des Herzens, sondern mit ihr schliesst sie sich sogleich auch ab. Noch war aber ein volles Jahrhundert nothwendig, um unsere Wissenschaft mit einer Pathologie des Herzens zu beschenken. Der Vater dieser schönen Tochter aus dem Schoosse Baconischer Forschung ist ein Franzose, Sénac, und wiederum ist es bezeichnend, dass die Deutschen trotz ihrer Gefühlsschwärmerei, trotz der Fluth ihrer Reime von Herz und Schmerz nie etwas dafür gethan haben, um dieses Herz und seinen

Schmerz in jener soliden Weise kennen zu lernen, die dem Naturforscher, überhaupt Jedwedem mit gesundem Herzen und verständigem Sinn einzig und allein genügen kann. Wenigstens haben die Deutschen für eine Physiologie und Pathologie des Herzens nicht das Mindeste geleistet, bis die Britten und Franzosen, allerdings nicht bloss in weichlichen Mondscheinsträumen, sondern mit hellem Aug' und keckem Faustschlage das Thor gesprengt und das Gebiet der Medizin um eine Flur bereichert, welche sich hoffnungsgrün hinter der erzwungenen Bresche ausbreitete. Jetzt wagten sich die Deutschen ebenfalls auf den frisch gewonnenen Anger hinaus, bearbeiteten ihn, und nun fiel allerdings auch unter ihrer Sichel manch' goldene Garbe. Wiederum liegt indessen ein gewisser Fingerzeig darin, dass es gerade der Deutsche sein musste, welcher die anderwärts geschaffene Pathologie des Herzens gross hätschelte und zu jener wundersam subtilen Entwicklung ohne entsprechende thatsächliche Unterlage brachte. Wohl einsehend, dass in der Wissenschaft die Zeit vorüber sei, in welcher dem Herzen, dem süssen Mittelpunkte germanischer Träumerei und Grübelei, bloss durch vages Phrasengeklingel Genugthuung geleistet werden kann, warf er sich mit jener Hingebung, die seinem Volke eigenthümlich ist, auf das Studium der Krankheiten dieses Organes und verschwendete sein Wissen und seinen Scharfsinn auf die Ausbildung eines Systemes derselben, welches in seiner Raffinerie für die Eigenthümlichkeit des Geistes, welchem es entsprossen, ebenso charakteristisch ist, wie die Spinositäten der Pulsscholastik im vorigen Jahrhundert, wie in den paar ersten Decennien des gegenwärtigen die Nebelgebilde der Naturphilosophie.

In den vorliegenden Beiträgen beabsichtigen wir keineswegs aus fernem Alterthume die einzelnen Anklänge zusammenzustellen, durch welche sich hie und da eine allmählige Heranbildung einer Pathologie des Herzens geäussert hat. Es liessen sich derartige Spuren durch die verschiedenen Schriftsteller des Mittelalters bis zu Galen und Hippokrates hinauf verfolgen. Jedoch haben wir, auch wenn wir nach allen Richtungen hin billig sein wollen, bis auf das 18. Jahrhundert kaum zwei oder drei Namen ausdrücklich zu gedenken, welche als Wegweiser nach jenem Thor hindeuten, durch welches dann ein halbes Jahrhundert später Morgagni und Sénac, Corvisart und Testa ihren triumphirenden Einzug hielten. Zwar hatten wir der Betrachtung der Verdienste Morgagni's und Sénac's nur die Erwähnung Lower's und Vieussens' vorausgehen lassen wollen, verdanken es nun aber einer erst vor Kurzem zu unserer Kenntniss gekommenen kleinen Schrift von Dr. P. J. Philipp (Berlin 1856), dass wir auch noch auf zwei andere Männer aufmerksam gemacht worden sind, welche selbst in unserer nichts weniger als auf Vollständigkeit Anspruch machenden Arbeit eine Stelle verdienen. Wir verstehen nämlich unter dem praktischen Bedürfnisse, welches wir sogar bei dieser historischen Untersuchung im Auge haben, keineswegs jene so häufig gestellte unwürdig enge Aufgabe, welche sich einzig und allein mit dem begnügt, was das Plessimeter und die Arzneiflasche beschlägt; sondern wie dem Gebildeten eine historische Kenntniss nicht nur ziemt, sondern eine solche überhaupt erst den Gebildeten mit bedingt, so soll auch der gebildete Arzt im grossen Ganzen den Entwicklungsgang seiner Wissenschaft kennen, und nebenbei, dass er sein Plessimeter und sein Digitalisinfus zu benützen versteht, auch von Morgagni und Sénac etwas wissen. Jene kleine Schrift des vielfach bewährten Berliner Forschers führt den Titel: Die Kenntniss von den Krankheiten des Herzens im achtzehnten Jahrhundert, und die zwei Namen, welche Philipp noch unserm Gedächtnisse einschärft, sind: Lancisi und Albertini. Diese vier erinnerungswerthen Namen sind also folgende: — (wie der Klang gleich verkündigt und wie auch vorauszusetzen war, alles gute deutsche Namen)

1) Lower, Richard, starb zu London 1691. In seinem

Tractatus de corde, et cat., London. 1669. 8., finden sich neben einer Reihe von Angaben, welche ganz sichtlich auf falschen, sei es nun mit freiem Willen oder durch allzu freie Phantasie gefälschten Experimenten beruhen und welche motiviren mögen, wesshalb wir dem englischen Anatomen nicht eine bedeutungsvollere Stelle in der Geschichte unsers Gegenstandes einräumen, Bemerkungen, welche die gründlichsten Kenntnisse in der Anatomie des Herzens verrathen und die innigsten Beziehungen auf die Pathologie desselben besitzen. So findet sich darin z. B. das Pericardium in musterhafter Weise abgehandelt.

2) Vieussens, Raimund, ein Franzose. Starb als Professor der Medicin zu Montpellier im Jahr 1716. Er zergliederte über 500 Leichen und bereicherte die Anatomie und Pathologie des Herzens (wie auch des Nervensystems und der Gehörorgane) mit einer Reihe der werthvollsten Thatsachen. Dieselben sind in seinem „traité nouveau de la structure et des causes du mouvement du coeur" enthalten, welches Werk ein Jahr vor des Verfassers Tode zu Toulouse erschien, in 4. Vieussens' bleibendes Verdienst beruht namentlich darauf, durch Sektionsergebnisse nachgewiesen zu haben, dass Affektionen, wie Asthma, Angina pectoris, Hydrothorax u. dergl. ungemein häufig bestimmte nachweisbare pathologische Veränderungen in der Struktur des Herzens und des Herzbeutels zu Grunde liegen.

3) Lancisi, Joh. Maria, geboren zu Rom im J. 1654, gestorben als päpstlicher Leibarzt im J. 1720. Er ist der Verfasser der beiden berühmten Werke „de subitaneis mortibus libri II. Rom. 1707. 4." und „de motu cordis et aneurysmatibus. Rom. 1728. fol.; sehr vermehrt: Rom. 1745. 8." Er verfolgte die von Vieussens eröffnete Bahn weiter und wies mit grossem Scharfsinn die Ursachen nach, welche eine Herzerweiterung bedingen. So rechnet er zu jenen bereits den chronischen Katarrh.

4) Albertini, Hippolytus Franciscus. Geboren 1672 bei

Bologna, woselbst er, ein Schüler des grossen Malpighi (Marcello, 1628—1694), gemeinschaftlich mit Valsalva die Medicin lehrte bis zu seinem 1733 erfolgten Tode. Albertini hat sich um unsere Kenntniss von den organischen Fehlern des Herzens vielfach verdient gemacht; um unsere Leser mit seinem Namen einen bestimmten Anhalt verknüpfen lassen zu können, erwähnen wir im Speciellen sein Verdienst, in der Palpation der Herzgegend zuerst ein wichtiges Hülfsmittel für die Diagnose erkannt zu haben.

Eine noch ungleich hervorragendere Stellung, als diese drei Männer, nimmt der grosse Morgagni in der Entwicklung unserer Kenntnisse von den Herzkrankheiten ein. In seinem unsterblichen Werke „De sedibus et causis morborum per anatomen indagatis libri quinque. Venet. 1761. fol. 2 voll., Par. 1820—23. 8. 6 voll.", durch welches in seinem 80. Lebensjahre herausgegebene Werk Joh. Bapt. Morgagni aus Forli sich den Ruhm als Begründer der neuern pathologischen Anatomie errang, sind auch die Herzkrankheiten mit besonderem Fleisse abgehandelt und in dieser Beziehung eine unendliche Fülle der wichtigsten Aufschlüsse niedergelegt. Da wir wünschen, dass unsere Leser auch mit dem Namen Morgagni eine klare und bestimmte Idee verknüpfen und wenigstens einer speciellen Leistung bewusst werden möchten, welche die Kenntniss der Herzkrankheiten dem genannten grössten pathologisch-anatomischen Forscher des vorigen Jahrhunderts verdankt, erwähnen wir, dass Morgagni zuerst von allen Autoren die hohe Bedeutung physikalischer Zeichen für die Diagnostik der Brustkrankheiten hervorhebt, dass er die durch Herzkrankheit bedingte Dislokation dieses Organs wie der Nachbarorgane würdigt und dass er das vollkommenste Verständniss der durch Fehler der Herzklappen wie durch Verengerung der Herzorificien bedingten Störungen der Cirkulation besitzt. (Philipp führt in seiner oben erwähnten Schrift zwölf einzelne Punkte an, auf deren Festsetzung und Beleuchtung Morgagni's Verdienst um die Herzkrankheiten beruht, welche beinahe alle einen im gleichen Grade hohen Werth besitzen und zur Stunde noch unumstössliche Geltung behaupten).

Es unterliegt nun keinem Zweifel, dass die Vorliebe, welche Morgagni in seinem Hauptwerke den Herzkrankheiten widmet, ihren Grund namentlich dem Umstande verdankt, dass im Jahr 1749 in Paris ein Werk erschienen war, unter dem Titel „Ueber den Bau, die Verrichtungen und die Krankheiten des Herzens", ein Werk, dessen seltene Vorzüglichkeit einen Mann wie Morgagni mit dem Wunsche erfüllen musste, die dort mitgetheilten Ergebnisse der mühsamsten und gewissenhaftesten Forschung zu bestätigen und zu vervollständigen. So haben wir uns durch Morgagni eine wahrhaft goldene Brücke gebaut zu dem Verfasser jener Epoche machenden Arbeit, zu Jean Sénac, und wenn wir trotz der früheren Veröffentlichung von Sénac's Werke den Verfasser von „de sedibus morborum" dem Pariser Arzte vorangestellt haben, so liegt der Grund darin, dass die weit reichere und bedeutungsvollere zweite Auflage von Sénac's Werk dann ebenso Morgagni's Forschungen in sich aufnahm, als dieser für sein Werk aus der ersten Auflage Bereicherungen geschöpft hatte.

Sénac (in den Memoiren der Akademie der Wissenschaften Pierre genannt und desshalb auch von Haller als Petrus aufgeführt; doch gewöhnlich Jean-Baptist oder kurzweg Jean geheissen; ebenso bald Senac bald Sénac geschrieben) ward im Jahr 1693 in der Nähe von Lombez in der Gascogne geboren. Ohne besondere Vorliebe für irgend welchen Beruf widmete er sich der Medicin, und obgleich er auf diesem Gebiete die reichsten Lorbeeren errang, äusserte er sich doch fortwährend mit dem höchsten Indifferentismus über sein Fach. Den nämlichen Indifferentismus, den wir übrigens als charakteristisches Merkmal der Geistesrichtung in der Mitte des vorigen Jahrhunderts bei vielen seiner ausgezeichnetsten Männer finden, legte er auch in andern Beziehungen an den Tag. So war er anfangs Protestant, ward hernach Katholik und starb als erklärter Freund der Jesuiten. Seinen Doktorgrad erwarb er sich in Montpellier. Leibarzt des berühmten Marschalls von Sachsen geworden, wusste er sich dessen Liebe in so hohem Grade zu erwerben, dass er ihn auf seinen Feldzügen begleiten musste. Ganz unzertrennlich wurden beide, nachdem Moritz im Jahr 1745 von Sénac aus einer gefährlichen Krankheit gerettet worden war. Uebrigens kamen dem keineswegs nach den Lorbeeren des Krieges durstigen Arzte die Freundschaftsbezeugungen des brillanten Helden von Fontenoy hie und da etwas ungelegen. Der letztere hatte sich nämlich so sehr an die geistvolle Unterhaltung seines Leibarztes gewöhnt, dass er ihn selbst bei Recognoscirungen, namentlich bei der Besichtigung belagerter Städte zu Wagen mitnahm, diesen an irgend einem nicht gefährlichen Punkte stehen liess, Sénac dann einfach empfahl, die Glacen zu schliessen, sich in eine Ecke zurückzulegen und auf seine Rückkunft zu warten, und sich hierauf entfernte, um das genauere Terrainstudium zu Fuss vorzunehmen. Sénac kam bei verschiedenen Anlässen auf diese Weise in grosse Gefahr, aus welcher er sich nur durch eine mit der grössten ärztlichen Umsicht vorgenommene Prophylaxis, d. h. durch Verkriechen hinter Busch und Stein zu retten wusste.

Der berühmte Sohn Aurora's von Königsmark starb in Sénac's Armen. Zu ihm sprach er jenes schöne und rührende Wort, sein letztes: „J'ai fait un beau rêve". Durch Vermittlung hoher Gönner ward nun Sénac im April 1752 zum ersten Leibarzte des Königs Ludwig XV. erhoben und wusste sich sogleich auch in dessen Gunst in so hohem Grade festzusetzen, dass der sonst so blasirte Monarch ihn nicht blos mit allen möglichen Gunst- und Ehrenbezeugungen überhäufte — er machte ihn zum Staatsrath, zum geheimen Rathe, Oberaufseher der Mineralquellen, Mitglied der Akademie der Wissenschaften u. s. f., — sondern ihm keinen Nachfolger geben wollte, nachdem Sénac am 20. December 1770 gestorben war.

Mit der Ernennung Sénac's zum Leibarzte des Königs begann jener Kampf mit der medicinischen Fakultät zu Paris, welcher gerade nicht den Glanzpunkt seiner Laufbahn bildet. Hiebei ist jedoch wohl die Schuld, welche auf Seiten der Fakultät liegt, ebenso scharf und unbefangen in's Auge zu fassen, als diejenige Sénac's. Die Pariser Fakultät war über seine Wahl empfindlich, weil Sénac sich seinen Doktorgrad nicht in ihrem Schoosse geholt hatte und weil, wie es scheint, bis dahin zu jener hohen Stelle nur solche Aerzte erhoben worden waren, welche in Paris promovirt. Ueberhaupt hielt sie den Erwählten jener Beförderung für nicht würdig und schrieb dieselbe nicht seinen Verdiensten, sondern einzig und allein Hofintriguen zu. Sénac bewarb sich nun wirklich noch um den Doktorhut der Pariser Fakultät, wollte aber zu diesem Behufe nicht nochmals eine These liefern, weil er, wie er darthat, bereits in Montpellier dieser Obliegenheit Genüge gethan und seither reichlich bewiesen habe, dass er mit Recht und Gebühr den gedachten Namen tragen dürfe. Hartnäckig bestand aber die Fakultät zu Paris auf der Forderung einer neuen und eigens verfassten Inaugurationsschrift, und damit war denn zwischen ihr und dem mächtigen Leibarzte jene Spaltung entschieden, deren Frucht oft höchst unangenehme und widerwärtige Verwicklungen waren. Obwohl Sénac sich unläugbar hie und da darin gefiel, seine Gegner in scharf treffender Weise seine Ungnade fühlen zu lassen, — sein Einfluss beim Herzog von Orléans setzte es z. B. durch, dass, so lange Sénac lebte, zum Leibarzt im Palais Royal kein Arzt erwählt wurde, welcher seinen Grad von der Pariser Fakultät erhalten, — so liess er seine Gereiztheit doch nie in dem Grade Meister über ihn werden, dass er je etwa verweigert hätte, in Fragen, welche nicht persönlich die Mitglieder der Pariser Fakultät betrafen, sondern überhaupt das Wohl der Wissenschaft bezweckten, seinen vollen Einfluss geltend zu machen. Freilich scheint die Form, welche er hiebei wählte, nicht immer die allerrücksichtsvollste gewesen zu sein. So finden wir z. B. berichtet, dass sich die Fakultät einmal mit dem Gesuche an den König wandte, ihr die Summe von 20,000 Franken zu bewilligen, um daraus nothwendige Verbesserungen in dem Unterrichte der Anatomie bestreiten zu können. Sénac, jeden Hader vergessend, übernahm die Rolle des Vermittlers und anerbot dann im Namen des Königs seinen Collegen die Ueberlassung der jährlichen Renten eines grossen Pachtgutes, welche sich auf 30,000 Franken beliefen. Die Fakultät verweigerte jedoch, wohl in allzu stolzem Selbstbewusstsein, die Annahme des reichen Geschenkes mit den Worten „sie wolle nicht pensionirt sein."

Im bunten Hofleben Ludwig's XV. spielte Sénac eine höchst bedeutende Rolle, immer aber musste er — und gerade darauf wird sein Einfluss beruht haben — die Aeusserungen seines gewaltigen Willens in die feinen und einschmeichelnden Formen des Hofmannes zu kleiden. In der bekannten Fundgrube für unsere Kenntniss von dem Treiben jenes Hofes, in der *Correspondance littéraire, philosophique et critique* des Barons Grimm, tritt der mächtige Leibarzt hin und wieder auf, kommt aber in der Regel nicht gut weg. Indessen wird Niemand trotz des regen Interesses, welches das genannte Werk bei Jedermann erregen muss, den Aufzeichnungen des geistvollen und geschmeidigen deutschen Abenteurers zu Paris den Werth eines unparteiischen Geschichtswerkes beilegen *). Zudem haben wir es hier nicht mit Sénac,

---

*) Allerdings ja, bemerke ich nachträglich. Je länger je mehr haben sich mir die Angaben Grimm's als zuverlässig heraus-

dem glänzenden Höfling, sondern mit Sénac, dem ausgezeichneten Arzte, zu thun, und nur um die merkwürdig gewandte Art zu zeigen, mit welcher der Gascogner jene beiden Eigenschaften zu verschmelzen und jeder ihr Recht angedeihen zu lassen wusste, nehmen wir noch folgende Anekdote in unsere biographische Skizze des Gründers eines der schönsten Zweige unserer Wissenschaft auf:

Als einst der Dauphin schwer erkrankt war, liess ihm sein Vater die Dienste seines Leibarztes Sénac anbieten. Dieselben wurden ausgeschlagen. Als aber der König vernahm, dass der Zustand seines Sohnes nicht nur je länger desto bedenklicher werde, sondern dass sich derselbe nicht im Mindesten schone, vielmehr ein Regimen beobachte, welches aller Vernunft Hohn spreche, sandte er Sénac nach dem Palaste des hohen Kranken mit dem bestimmten Auftrage, demselben seine Kunst zu widmen, nöthigenfalls ihm dieselbe sogar aufzuzwingen. Wiederum ward Sénac abgewiesen. Er bestand darauf, vorgelassen zu werden, und erzwang sich den Eintritt in das Appartement des Kronprinzen. Wie erstaunte er, als er denselben, umringt von ebenso glänzenden als jovialen Genossen und Genossinnen an einer reich besetzten Tafel sitzen und dabei den unverkennbaren Ausdruck schwerer Krankheit darbieten sah. Das Bild dieser letztern sprach sich nur um so schärfer und beunruhigender aus, je eifriger der Dauphin bemüht war, sein Leiden unter der Maske wilder geselliger Lust zu verbergen. „Ah, Doctor," rief er dem eintretenden Gaste zu, „willkommen als Tischgenosse! Lassen Sie Ihre Räthe draussen und bringen Sie bloss Ihren Witz herein!" Ruhig wandte sich Sénac um und, sich zu einem noch in der offenen Thüre

---

gestellt und das Werk des französischen Esprit mit deutscher historischer Gründlichkeit verschmelzenden Encyclopädisten darf mit vollem Rechte Stellung und Geltung eines Geschichtswerkes beanspruchen.

stehenden Lakaien wendend, donnerte er den verblüfften Burschen an: „Ist er toll? Weiss er nicht, dass ihn ein solches Saus- und Brausleben innerhalb zweier Monate in die Grube führt? Weiss er nicht, dass jedes Glas Wein, das er in einem solchen Zustande hinunterstürzt, ihn um einen Monat dem Tode näher bringt? Fort in's Bett! und kein Mensch vorgelassen, als den Pfarrer und mich!" Dann wandte sich Sénac wieder nach der in Schrecken und Schweigen lauschenden Gesellschaft, verbeugte sich vor dem Dauphin und sprach mit lächelnder Miene und in spielender Weise: „Monseigneur! Sie haben befohlen und ich habe meine Räthe an der Thüre gelassen. Hier steht Ihnen nun blos noch mein armer Witz zu Gebote." Und ein frisch gefülltes Champagnerglas nehmend leerte er es auf das Wohlsein des königlichen Wirthes. Dieser aber, der Vater Ludwig's XVI., war in weniger als zwei Monaten eine Leiche.

Einer der Söhne dieses in Hof und Wissenschaft gleich gewandten Arztes ist der in viel weitern Kreisen berühmte Sénac de Meilhan, der geistreiche Verfasser der *Mémoires d'Anne de Gonzague* und der *Considérations sur l'Esprit et les Moeurs, Paris 1787,* der, wenigstens für einige Zeit, genaue Freund Katharina's von Russland, und nun wird Jedermann jene Stelle in Voltaire's Correspondance begreifen, in welcher der Philosoph von Ferney zu diesem Sénac de Meilhan sagt: „Si Monsieur votre Père est le favori d'Esculape, vous l'êtes d'Apollon *)."

---

*) Durch seine „Considérations sur les Richesses et le Luxe (1787)" aspirirte Sénac de Meilhan auf die in damaliger Zeit so verhängnissvolle Stelle eines französischen Finanzministers. Er erscheint uns getränkt von seines Vaters Geist und Methode, nur unstäter und noch skeptischer und zersetzender. So sagt er z B.: „C'est que rien n'a jamais fait effet sur moi comme vrai, mais seulement comme bien trouvé." Er starb als Emigrant im 1. Jahrzehnd dieses Jahrhunderts zu Wien, in grosser

Mehr in den Kreis der Thätigkeit Sénac's als eines Höflings oder wenigstens eines Anhängers jener Spötterschule, welche in der damaligen Literatur eine so bedeutende Stelle einnimmt, als in denjenigen seiner ärztlichen Thätigkeit gehört der unter dem Titel: „*Lettres de Julien Morisson sur le choix des saignées. Paris, 1730. 12.*" erschienene Ausfluss seines kaustischen Geistes. In diesen anonymen Briefen wurden verschiedene Aerzte jener Zeit angegriffen und sie bildeten einen der Gründe, um derenwillen der tolle Bretagner Arzt La Mettrie sein Vaterland verlassen musste. Er wurde nämlich für den Verfasser der kleinen, aber beissend eindringlichen Schrift gehalten. Jedenfalls wäre sie die vernünftigste von allen den zahlreichen Werken gewesen, welche aus der Feder dieses frechen, wilden und destruktiven Kritikers kamen, der sich vorübergehend des intimsten Vertrauens Friedrich's des Grossen rühmen konnte. —

Jetzt erst wenden wir uns zu demjenigen Sénac, welcher mit bleibendem Ruhme in den Annalen unserer Wissenschaft fortlebt, und begrüssen mit dankbarer Verehrung die Werke, welche den Arzt sicher über jene Kluft hinüber getragen haben, welche den prunkenden Höfling trotz all seines Geistes und all seiner Intriguenkunst unrettbar für immer verschlungen haben würde.

Als Schriftsteller debutirte Sénac mit einer Uebersetzung des Lehrbuchs der Anatomie von Heister (*Anatomie d'Heister avec des essais de physique sur l'usage du corps humain. Paris 1724, 1735 in 8., 1753, 3 vol.* — Die erste Ausgabe wurde hinwieder in das Englische übergetragen). Diese Erstlingsarbeit des künftigen grossen Praktikers verdient unsere volle Berücksichtigung, und zwar weniger um ihrer selbst willen, sondern weil bereits bei ihr die Rich-

---

Armuth, und mit ihm erlosch das durch Vater und Sohn unvergessliche Geschlecht.

tung ausgesprochen ist, welche das mit so glänzendem Erfolge gekrönte Streben ihres Verfassers, zur Ausbildung seiner Wissenschaft beizutragen, charakterisirt. Diese Liebe zur Anatomie zeichnet Sénac noch um so mehr aus, als sie bei den damaligen praktischen Aerzten, namentlich denjenigen Frankreichs, selten vorkam, und es ist in dieser Beziehung noch für uns, die wir, nach absolvirtem Examen in das praktische Leben getreten, unserm anatomischen Messer und Lehrbuche in leichtfertigem Bequemlichkeitssinne untreu zu werden pflegen, Sénac ein grosses, beschämendes und ermunterndes Vorbild. Im speziellen Falle muss sein Verdienst noch um so höher angeschlagen werden, als er in jenem Zeitalter, in welchem der Franzose sich als Athener und den Deutschen als Barbaren betrachtete und der Deutsche diese Betrachtungsart mit entwürdigender Gutmüthigkeit theilte, der niedrigen Stufe bewusst wurde, auf welcher sich damals die französische Anatomie befand, und es über sich brachte, dieselbe durch Aufnahme fremder Errungenschaften heben zu helfen. Dass er zur Ausfüllung dieser Lücke in dem reichen Entwicklungsgange der Wissenschaft seiner Heimat gerade das vortreffliche Werk des berühmten Helmstätter Chirurgen auserkor, beweist wiederum seinen klaren und unbefangenen Blick. Uebrigens fügte Sénac noch viele eigene Zusätze und Verbesserungen hinzu.

Unter den verschiedenen Abhandlungen, welche er bei der Akademie der Wissenschaften eingereicht hat und welche in der Sammlung ihrer Memoiren erschienen sind, heben wir blos seine *Réflexions sur les noyés* hervor. Es scheinen uns nämlich dieselben am deutlichsten jene eigenthümliche, so streng auf das anatomische Studium gerichtete Richtung Sénac's zu bezeichnen, welche ihn vor seinen Kollegen, namentlich unter seinen Landsleuten, so vortheilhaft auszeichnet. Gestützt auf vielfältige Untersuchungen an der Leiche tritt Sénac mit der grössten Schärfe gegen die damals allgemein verbreitete Ansicht auf, dass beim Ertrinken der Tod durch Aufnahme von übermässig viel Wasser in den Verdauungskanal herbeigeführt werde, eine Ansicht, welche jetzt noch nur zu viele Anhänger, zum Glücke weniger unter dem medicinischen, als dem allgemeinen Publikum zählt. In dem genannten Mémoire setzt unser Akademiker auf die treffendste Weise und nach allen Grundsätzen einer wahren physiologischen Anschauung der Verhältnisse die Art des Todes auseinander, sucht dessen bedingendes Moment in einem Krampf der Stimmritze, leitet das schaumige, in der Luftröhre gefundene Wasser gar nicht oder zum kleinsten Theile aus dem äussern, umspülenden Elemente her und gibt noch weitere ähnliche überraschend richtige Aufschlüsse.

Und nun geleiten wir endlich unsere Leser zu jenem Werke, welches eigentlich allein uns veranlasst hat, hier von dem glänzend geistreichen und vielgewandten Leibarzte eines der erbärmlichsten Könige zu sprechen. Ohne dieses Werk möchte Sénac's Name kaum mehr beanspruchen dürfen, als vom historischen Specialforscher gekannt zu sein. Mit ihm darf er dagegen bei jedem Arzte, dem Theoretiker wie dem Praktiker, auf eine dankbare Befreundung, wenigstens auf Bekanntschaft seines Namens Anspruch erheben, und einen Arzt, welchem dieser Name ein unbekannter Klang ist, in dessen Herzen Sénac kein Echo findet, zeihen wir in dem Sinne einer mangelhaften Bildung, in welchem die Unkenntniss von solchen Gipfelpunkten der menschlichen Intelligenz wie Baco, Newton, Leibnitz, Voltaire u. A. Anspruch auf Bildung überhaupt aufhebt, und mag der Ignorant sonst daneben der geistreichste, liebenswürdigste und praktisch tüchtigste Mensch von der Welt sein.

Suchen wir diese Emphase zu motiviren: ihre Quelle führt den Titel: *Traité de la Structure du coeur, de son action, et de ses maladies, par M. Sénac, Médecin Consultant du Roy. Paris, 1749. 2 vol. in 4.* Es ist dasselbe dem Herzoge von Orléans gewidmet, trägt auf dem Titel das einsichtsvolle Motto aus Seneca: multum egerunt, qui ante nos fuerunt, multum etiam adhuc restat operis, multumque restabit; nec ulli nato post mille saecula praecludetur occasio aliquid adjiciendi, und enthält im 1. Bande 17 Tafeln anatomischer Abbildungen. Im Jahr 1774 erschien davon eine zweite Ausgabe, noch mit eigenen Verbesserungen Sénac's, jedoch ebenfalls in 2 Quartbänden, besorgt von dem damals etwa 30 jährigen Anton Portal, welcher sich um seiner Vorliebe zu anatomischen Untersuchungen willen des besondern Wohlwollens Sénac's zu erfreuen gehabt hatte. Diese nochmalige Herausgabe des klassischen Werkes, sodann die zahlreichen Verbesserungen und Vervollständigungen, welche er im Texte und in den Kupfertafeln anbrachte, und endlich einige ganz neue und vortreffliche Abbildungen, welche er noch hinzufügte, sichern diesem ausgezeichneten und weitberühmten Arzte eine verdiente Stelle in der Darstellung der historischen Entwicklung unserer Kenntnisse von dem Herzen und dessen Krankheiten. Wir glauben uns nicht zu irren, wenn wir in den Vorzügen, welche das praktische Wirken und die literarischen Leistungen des grossen Leibarztes Ludwig's XVIII. und Karl's X. characterisiren, nämlich in der fortwährend hervortretenden Vorliebe zu anatomischen Forschungen, den kräftig und nachhaltig andauernden Einfluss des noch ungleich grössern Leibarztes Ludwig's XV. erkennen. Hätte Baron Anton Portal*) seine anatomischen und pathologischen Studien, wie Jean-Baptist Sénac nur auf das Herz, ebenfalls nur auf ein einziges Organ gerichtet, er könnte für unsere Kenntnisse von den Krankheiten, sei es

---

*) Starb 1832 nahe an 90 Jahre alt zu Paris. Seine beiden bedeutendsten Werke sind 1) seine Mémoires sur la nature et le traitement de plusieurs maladies, 5 vol. und 2) sein cours d'anatomie médicale, 5 vol.

nun der Leber oder der Lunge, des Gehirns oder der Fieber, des Darmkanals oder der Blase, für die Lehre der Pocken oder der thierischen Kontagien, in welchen Partieen allen er Namhaftes geleistet hat, ebenso gut eine neue Epoche begründet haben, als Jener für die Pathologie des Herzens. Dadurch aber, dass Portal eine Aufgabe unternahm, welche über die Kräfte eines einzelnen Menschen hinausreicht, entging ihm jene Palme, welche seinen Freund und Meister mit unvergänglichem Ruhme schmückt.

Sprengel führt in seiner Geschichte der Arzneikunde die erwähnte Schrift mit den Worten ein: „Im Jahre 1749 erschien Sénac's unsterbliches Werk über die Bewegung des Herzens: und, wenn mit demselben nicht eine neue Epoche für diese wichtige Lehre anfing, so lag die Schuld gewiss daran, dass Haller's musterhafte Arbeiten alle anderweitigen Versuche verdunkelten." Nach diesem wäre also der allerdings nur zu wahre Umstand, dass Sénac's Arbeit gleich bei ihrem ersten Erscheinen nicht das verdiente Aufsehen erregte und bald hernach beinahe vergessen, viele Jahrzehende vom Schauplatze des medicinischen Treibens verschwand, dem alle andern Interessen in Anspruch nehmenden Einflusse Haller's zuzuschreiben. In dieser Darstellung jedoch liegt wohl nur zum Theil das Richtige. Vorerst sehen wir allerdings Sprengel darin, dass Sénac einzig und allein dem grössten physiologischen Forscher des vorigen Jahrhunderts weichen musste, mit Freuden einen neuen Beweis liefern für die erhabene Stelle, welche er unter seinen Zeitgenossen einnahm. Allein die geringe Beachtung, welche Sénac's Leistungen zu Theil wurde, möchten wir in anderer Weise zu erklären suchen.

Dieselben gingen eben einfach so unendlich weit über die Grenzen der Zeit hinaus, innerhalb deren sich die Praxis der damaligen Aerzte bewegte, dass sie nicht verstanden, sondern, wie von jeher unter denselben Verhältnissen so manches grossartige Kunstwerk, von der blinden Menge bei Seite geschoben wurden. Diese Darstellung des niederschlagenden Sachverhältnisses muss um so einleuchtender erscheinen, wenn man den Standpunkt berücksichtigt, auf welchem sich gegenwärtig noch so viele Aerzte hinsichtlich ihrer Auffassung der Herzkrankheiten befinden. Wenn wir sehen, wie häufig noch, trotz der grossartigen Leistungen der beiden letzten Decennien, von den ältern Aerzten die acuten Krankheiten des Herzens als Nervenfieber, als rheumatisch-entzündliche Fieber, als Frieselfieber oder kurzweg als Brustentzündungen, die chronischen als Brustkrämpfe, als die verschiedenen Formen von Asthma, als Wassersuchten, Hydrothorax, Phthisis, Hämorrhoidalzustände und Leberkrankheiten bezeichnet und behandelt werden, so wird aus dieser Wahrnehmung Jeder leicht entnehmen können, wie traurig es vor diesen letzten Jahrzehenden um die Kenntniss der Herzkrankheiten ausgesehen haben wird. Wenn Hufeland noch in jener genannten Art hat diagnosticiren dürfen, so stand es wohl zur Zeit der Herrschaft der Naturphilosophie noch um viele Procente schlimmer. Als Sénac's Buch erschien, war die ärztliche Praxis durchaus noch nicht reif, eine auf Anatomie sich gründende Pathologie zu verstehen, und desshalb liess sie die unsterbliche Leistung unbeachtet an sich vorübergehen; keineswegs aber, weil sie nach der Darstellung Sprengel's nicht vermochte, zwei Sonnen am Horizonte ihre Aufmerksamkeit zuzuwenden, und nun über derjenigen Haller's diejenige Sénac's vergass. Die grosse Menge der Aerzte kümmerte sich auch um den erstern nicht, so wenig als um einen Sydenham oder einen Boerhaave, und war sie sich bei ihrem Handeln überhaupt irgend welcher Autorität bewusst, so war es immer noch der nur etwas modern zugestutzte Galen, de le Boe Sylvius u. s. f. So nur wird der beispiellose Erfolg begreiflich, welcher einige Jahre nach dem Erscheinen der 2. Auflage des Sénac'schen Werkes das Brown'sche System errang, ein

System, welches mit so frechem Uebermuthe der exacten, von Albin und Haller, von Morgagni und Sénac in glänzendster Weise angebahnten Richtung einen Faustschlag in's Gesicht versetzte.

Von seinen geistesverwandten Zeitgenossen wurden Sénac's Leistungen mit unbedingtem Beifall aufgenommen, und sein Traité de la structure du coeur wurde von Morgagni, Albin und Haller, von van Swieten und de Haën, von John Pringle, dem Leibarzte des englischen, und Joseph Lieutaud, demjenigen des französischen Königs, mit mehr oder minder lebhaft ausgesprochener Freude begrüsst. Dabei hatte es aber für einmal sein Bewenden; die Anerkennung gewann nicht jenen allgemeinen Charakter, dass dadurch die Masse der Aerzte zur Befolgung der Methode Sénac's angefeuert worden wäre. Wenn diess auch mit Haller nicht der Fall war, so hatte diess bei ihm weit weniger zu sagen. Auf die ärztliche Praxis hatten seine Forschungen keineswegs jene unmittelbare Beziehung, welche diejenigen Sénac's charakterisirt. Wenn Haller's Leistungen zunächst nur im Kreis der Anatomen und Physiologen Eingang und Berücksichtigung fanden, war schon ein grosses Ziel erreicht. Sénac's Wort war dagegen an jeden einzelnen Arzt gerichtet, und gerade an diesem glitt es vorüber. Noch für weit mehr als ein halbes Jahrhundert behalf dieser sich getrost mit seinem Asthma, seiner Wassersucht und seinen Hämorrhoiden, statt von Sénac die Diagnostik einer Pericarditis, einer Hypertrophie und einer Dilatation des Herzens zu erlernen.

Ueber das Werk von Sénac spricht sich Haller in der Biblioth. anatomica, tom. II. pag. 159, folgendermassen aus: „Insigne opus, cujus laudes eo lubentius celebro, quod passim in eo me carptum legam. Neque enim haec ad posteros descendere cupio, ut vindicias de adversariis sumam, ideo velim eo pervenire, ut posteri aestiment, unus aequo fuerim in omnes animo. Plurimum laboris in hoc opere posuit vir illust. Humores humanos chemicis experimentis exploravit, cordis anatomen de integro molitus est: mediastinum primo dixit, deinde pericardium, cujus duas facit laminas, et vesiculas ei tribuit, porosque. Pericardium corde multo esse amplius. Deinde fibras cordis, quas persecutus est, et novis iconibus expressit; sic valvulas et vasa cordis propria etc."

Wir gestehen, dass uns der Sinn der ersten Zeilen dieses Citates in seinen näheren Beziehungen unklar ist. Wir fühlen uns daher zu der Bemerkung veranlasst, dass Sénac die Arbeiten von Haller durchaus nicht anders benutzt hat, als überhaupt jeder Forscher die Leistungen seiner Vorgänger nothwendiger Weise wird benützen müssen, und dass wir in der Literaturgeschichte der Medicin wenig Werke von solcher Unabhängigkeit von den Resultaten früherer Forschung und einer solchen entschiedenen Selbstständigkeit kennen, als dasjenige von Sénac. Haller deutet diess ja selbst in den Schlussworten seiner Notiz über den französischen Pathologen an: „et in universum scriptores refutat, qui ante eum de corde egerunt." Zudem citirt Sénac, so oft er eine Entdeckung oder Ansicht Haller's benützt, sei es zu einer Kritik oder einer Empfehlung, unsern berühmten Landsmann stets mit Namen, wie er diess übrigens mit Hunderten von andern Schriftstellern zu thun pflegt. Hingegen spricht er sich allerdings entschieden gegen die Irritabilitätstheorie des grossen Berner Anatomen aus.

Der eigenthümliche Vorzug des Werkes von Sénac liegt schon in dessen Titel ausgedrückt. Um von den „Krankheiten" des Herzens sprechen zu können, glaubt er zuerst dessen „Structur und Function" abhandeln zu müssen, und erst nachdem er diese Partien auf's gründlichste abgehandelt und in dieser Beziehung eine Reihe der wichtigsten Entdeckungen niedergelegt hat, geht er auf die Pathologie und Therapie über. Auf diese beiden fällt kaum ein Drittheil der umfangreichen Arbeit, obwohl allerdings auch in der anatomischen und physiologischen Abtheilung der Praxis fortwährend Rechnung getragen ist. Dem ganzen Werke voran steht aber eine Vorrede von ganz wunderbarer Einsicht und Klarheit, und unsere Bewunderung der meisterhaften Schöpfung erreicht den höchsten Grad, wenn wir der besondern Stellung ihres Verfassers gedenken. In dieser Beziehung erscheint uns Sénac's Traité in der Literaturgeschichte unserer Wissenschaft als ein Monument ärztlichen Fleisses und Scharfblicks, welches beinahe einzig in seiner Art dasteht. Das Seltene dieser Erscheinung finden wir nämlich darin, dass jenes Werk die Leistung eines Arztes auf der glänzendsten Höhe ist, auf welche die praktische Laufbahn einen Jünger unserer Wissenschaft versetzen kann. Die Geschichte lehrt uns nun, leider in nur zu vielen Beispielen, dass Aerzte in solchen Stellungen entweder gar nicht mehr schreiben und sich grossentheils um Fortbildung der Wissenschaft nicht weiter kümmern, oder, wenn sie noch literarisch thätig sind, diess in einer rein praktischen Richtung geschieht, d. h. dass sie Berichte über interessante Fälle aus ihrem Wirkungskreise veröffentlichen, Résumé's darüber zusammenstellen. Ungemein selten aber verstehen sie sich zu mühsamen, namentlich anatomischen Untersuchungen. Dass diess Letztere Sénac gethan, dass er mitten in einer fürstlichen Praxis, mitten im buntesten, Herz und Geist spannenden Hofgewühle noch Zeit erübrigte zu den sorgfältigsten und gewissenhaftesten anatomischen Forschungen und dass er deren Resultate dann mit sich hinüber nahm in sein reiches ärztliches Wirken und zur Basis desselben machte: das schmückt das Bild Sénac's mit einem Lorbeer ganz exquisiter Art, welcher selbst einem Sydenham und Boerhaave, einem van Swieten und Stoll fehlt. In Deutschland wüssten wir kein Beispiel, welches dem genannten an die Seite zu stellen wäre. Weit eher in England bei der dortigen eigenthümlichen Vorliebe zu anatomisch-physiologischen Untersuchungen: Sir Astley Cooper möchte in dieser Beziehung das erhebendste Beispiel aus der letzten Zeit sein.

Man könnte Einwendungen erheben gegen unsere Behauptung, dass die Pathologie des Herzens von Sénac datire und dass dieser Theil unserer Wissenschaft, wegen der scharfen Sinnesbeobachtung, welche er beansprucht, vielleicht der lehrreichste und der grössten Ausbildung fähigste, durch jene beiden im Jahr 1749 herausgekommenen Quartbände in's Leben gerufen worden sei. Ein schriftgewandter Gelehrter könnte uns verschiedene Documente entgegenhalten, z. B. die Arbeiten von Lower. Ueber diesen haben wir oben gesprochen. Der englische Anatom beschreibt allerdings die pathologisch-anatomischen Veränderungen, welche z. B. ein entzündetes Pericardium erleidet. Aber es geschieht diess in einer völlig unklaren und confusen Weise, und man erkennt es wohl, dass Lower durchaus nicht weiss, was er eigentlich vor sich hat, und wenn man weiterhin denselben Schriftsteller Herzpalpitationen, Beängstigungen, Ohnmachten, Schmerzen in der Tiefe der linken Brusthälfte als Symptome von Würmern erklären hört, welche die Substanz des Herzens zernagen, so erscheint es in der That als ein mehr als gewagtes Unternehmen, mit Lower die Kenntniss der Herzkrankheiten beginnen zu wollen: und doch ist diess derjenige Arzt, welcher noch am allerehesten in Frage kommen kann, mit Ausnahme etwa von Lancisi. Es gibt jedoch nicht leicht ein Werk, welches eine solche Mischung der unrichtigsten Vorstellungen und der trefflichsten Anschauungen enthält, wie dasjenige des genannten päpstlichen Leibarztes, betitelt: de motu cordis et aneurysmatibus, Romae 1728, Lugdun. Batav. 1740. Unter einem Wuste der abgeschmacktesten Behauptungen und der confusesten Begriffe über die Verhältnisse des Kreislaufes finden wir die Symptomatologie der

Aneurysmen ziemlich gut abgehandelt; ebenso wird deutlich der Fall einer Pericarditis beschrieben, in welcher beide Blätter des Herzbeutels verwachsen waren, u. s. f. Allein der grenzenlose Unsinn, welcher die paar kargen Goldkörner eingebettet hält, lässt uns Joh. Maria Lancisi durchaus keine epochemachende Rolle in der Geschichte der Herzkrankheiten anweisen.

Allerdings wurde schon vor Sénac von verschiedenen grossen Praktikern der Grund vieler Wassersuchten in einem Hinderniss gesucht, welches den normalen Rückfluss des Venenblutes störe. Aber wenn wir hören, wie unklar, vage und theoretisirend sich selbst ein Boerhaave über einen solchen Zusammenhang ausspricht, so wird Jedermann zugeben müssen, dass hier von einem nur einigermassen sichern Blick in das Wesen und die Folgen einer Circulationsstörung nicht die Rede sein kann. Der grosse Leidener Arzt sagt nämlich in seinen Aphorismen: observatum fuit, hos omnes morbos (hydropes) produci ab omni causa, quae valet liquidum serosum 1. ita coërcere, ut redire nequeat in venas, sed extensis in vasis stagnet; vel 2. ipsa vasa rumpat, ita ut intra membranulas effundatur, aut 3. vasa reducentia a cavitatibus deposita tam parum moveat, ut non exhalent, nec resorbeantur. Diesen Aphorismus commentirt ein van Swieten in gewohnter weitläufiger Weise, ohne aber die Masse von wissenschaftlichem Material, welches er aufspeichert, um ein einziges, unbefangen beobachtetes und unbefangen erzähltes Factum zu bereichern. Die nämliche Ansicht, aber ebenfalls bloss in allgemeiner hypothetisirender Manier, wird auch von Fr. Hoffmann, Morgagni, am klarsten und einfachsten noch von dem sonst so wenig bedeutsamen Franz Quesnay (geb. 1694, mit dem berühmten Nationalökonomen ein und dieselbe Person) ausgesprochen.

Nach dieser früchtearmen Rundschau kehren wir nur mit um so tieferer Anerkennung und rückhaltsloserer Bewunderung zu Sénac zurück.

Es sammelte derselbe das zerstreute Material, welches von seinen Vorgängern an den verschiedensten Punkten niedergelegt worden war, und unterwarf die einzelnen Angaben einer strengen und umsichtigen Kritik. Das viele Falsche schied er aus; das wenige Wahre nahm er in seine neubegründete Lehre von dem Herzen auf und verschmolz es mit dem Resultate seiner eigenen Untersuchungen zum schönsten Ganzen. Es ist hier nicht unsere Aufgabe, die Verdienste Sénac's in detaillirterer Weise zu besprechen und seine Leistungen in ihren Einzelnheiten zu schildern. Darin, dass wir ihn als den Vater der Lehre von den Herzkrankheiten darstellen, darin, dass wir uns aus vollster Ueberzeugung dahin aussprechen, es könne noch im gegenwärtigen Momente, nachdem ein Corvisart und Lännec, ein Bouillaud und Skoda ihre reichen Gaben gespendet, von jedem Arzte der Traité von Sénac immerfort mit dem grössten Nutzen und der vielseitigsten Belehrung gelesen und studirt werden, ist wohl am einleuchtendsten für Jedermann die Tragweite dieses denkwürdigen Werkes bezeichnet. In hohem Grade erwünscht wäre es, wenn ein zweiter Portal eine 3. Ausgabe desselben unternähme, dessen Unrichtigkeiten striche, dessen ewige Wahrheiten aber in ihrer ewig wahren Art der Darstellung mit den Bereicherungen des letzten halben Jahrhunderts verschmölze. Die Pathologie des Herzens hätte dann einen Ausdruck gefunden, dessen sich jedenfalls sonst kein anderes Organ des Körpers rühmen dürfte. Da jedoch aller Wahrscheinlichkeit nach kein solcher zweiter Portal auftreten, da ebenso aller Wahrscheinlichkeit nach, trotz meiner gespendeten warmen Lobsprüche, keiner meiner Leser zu den selten gewordenen Quartbänden der Jahre 1749 und 1774 greifen und mit dem gepriesenen Collegen Bekanntschaft eröffnen wird, so halte ich es für meine Pflicht, noch durch einige specielle Notizen eine sich über die blosse Bekanntschaft mit dem Namen erstreckende Kenntniss des Mannes anzubahnen.

Mit Bezug auf beschreibende Anatomie begründet Sénac's Schrift für das Herz eine neue Epoche und wir sehen mit Freuden, dass sich F. W. Theile in seiner Bearbeitung der Sömmering'schen Lehre von dem Baue der Muskeln und Gefässe die Literatur der Specialwerke über das Gefässsystem mit Pierre Sénac, Paris 1749, eröffnet; in der That gibt uns der grosse Gascogner die erste vollständige und im Geiste moderner Forschung verfasste anatomische Beschreibung des Herzens. Auch die zahlreichen Irrthümer sind von moderner und nicht mehr von mittelalterlicher Art, d. h. es sind Beobachtungsfehler, wie sie zu allen Zeiten auch dem objectivsten Forscher begegnen werden. Allein es ist keine Verblendung mehr, welche, durch ausschweifende Phantasie oder Aberglauben hervorgerufen, dem gesunden Verstand Hohn spricht. So sind bei Sénac jene herzzernagenden Würmer Lower's verschwunden, ebenso die Steine und Knochen, welche andere Schriftsteller im Herzen gefunden haben wollen. Ferner berichtet er uns nichts mehr von Sectionen, bei denen kein Herz habe aufgefunden werden können, ein Ereigniss, welches, so selten es im 19. Jahrhundert geworden ist, merkwürdiger Weise in dem bevorzugten 17. und 18. etwas ganz Alltägliches war. Mit besonderer Aufmerksamkeit untersuchte Sénac den Bau und die Richtung der Muskelfasern des Herzens und gab in dieser Beziehung für die damalige Zeit ganz neue, ungeahnte Aufschlüsse. Nach ihm haben beide Kammern keine gemeinschaftliche Schicht von Fasern, sondern jede hat ihre eigene. Die äussern Fasern laufen in die Quere, die innern aber sind spiralförmig, und nehmen in der Aortenkammer von den warzenförmigen Fleischbündeln ihren Ursprung, u. s. f.

In der Physiologie steht Sénac namentlich wegen der Klarheit und Schärfe verdienstvoll da, mit welcher er gegen allgemein herrschende, jedoch durchaus ungegründete Theorien und Systeme auftritt. Allerdings verwirft er dieselben nicht in vornehm geringschätziger Weise, sondern er widerlegt sie mit allen Waffen, welche Logik und strenge objective Forschung leiht. Durch gewichtige Argumente verwirft er den Wahn der Jatromathematiker, nach den Regeln der Statik genau die Kraft des Herzens berechnen zu wollen, und es ist in dieser Beziehung Sénac's vorurtheilsfreie Stellung noch um so höher anzuschlagen, als die ganze Richtung des wissenschaftlichen Kreises, in welchem sich der Leibarzt des Marschalls von Sachsen bewegte, die Richtung der encyklopädischen Schule nämlich, zu einer vorzugsweise mathematischen Auffassung aller Naturvorgänge hindrängte.

Ferner brachte Sénac's kühles und eindringliches Raisonnement Leuwenhoeck' Theorie, wonach die von dem grossen Naturforscher und Künstler zu Delft wenn nicht zuerst gesehenen, so doch zuerst erkannten und genau beschriebenen Blutkörperchen aus sechs kleinen Kügelchen bestehen sollten, zu Falle. Diese Theorie, welche dann weiterhin annahm, dass diese Kügelchen, in geringerer Anzahl als zu sechs vereinigt, nur Blutwasser, sobald sie aber in jener Anzahl zusammenkommen, rothes Blut bilden, spielte während mehr als 50 Jahre eine bedeutende Rolle, indem nämlich darauf mancherlei Hypothesen über raschere und trägere Bewegung des Blutes in dem Capillarsysteme gebaut wurden. Sénac's That ist daher auch in dieser Beziehung eine reformatorische.

Endlich erwarb sich derselbe Meister noch das Verdienst, zuerst die Nichtigkeit einer Reihe mehr oder minder abgeschmackter Theorieen über den Kreislauf des Blutes im ungebornen Kinde nachzuweisen und die Irrlehren unerbittlich zu widerlegen. Nachdem nämlich Harvey's gewaltiges Schöpferwort mit einem Male Ordnung geschafft hatte in den wirren Ansichten über die Vorgänge beim Kreislaufe und nun keinerlei Gerede und Grübelei über diesen Punkt mehr möglich war, warfen sich die streitlustigen Meister auf den Kreislauf der ungebornen Kinder und erhoben diesen zum Ausgangspunkte der lebhaftesten Discussionen. Dieselben dauern während der ganzen ersten Hälfte des vorigen Jahrhunderts und sind, so kleinlich, lächerlich und albern sie demjenigen erscheinen, welcher nicht tiefer in ihr Getriebe hineinblickt, gleichwohl nicht unfruchtbar zu nennen, indem sich durch den Kampf hindurch die Wahrheit unstreitig schneller Bahn brach. Unter den mannigfaltigen Theorieen, welche dieser Streit heraufbeschwor, machte diejenige von dem ersten Wundarzte am Hôtel Dieu zu Paris, Johann Méry, das grösste Aufsehen. So wurde sie z. B. trotz ihrer Absurdität, welche uns hier der Mühe ihrer Mittheilung überhebt, von der Mehrzahl der Akademiker zu Paris angenommen, und wiederum war es Sénac, welcher das allerdings schon vor ihm dem Sturze nahe System dem Untergang weihte. Darauf beziehen sich nun jene oben von uns citirten Worte Haller's. Das Schicksal dieser Méry'schen Theorie ward namentlich dadurch entschieden, dass Sénac deren eifrigsten, tüchtigsten und unterrichtetsten Vertheidiger, den Akademiker Alexis Littre, mit überraschendem Glücke zu entwaffnen wusste.

In der Pathologie verband Sénac die zerstreuten Notizen, welche sich in der vorhandenen Literatur über Krankheiten des Herzens vorfanden, mit den Resultaten seiner eigenen rastlosen Beobachtungen, stellte daraus die einzelnen Affectionen, von denen das Herz befallen werden kann, in bestimmter sicherer Form und in einzelnen, scharf gezeichneten Bildern zusammen und schuf auf diese Weise die specielle Pathologie der Herzkrankheiten. Gleich merkwürdig ist hiebei die Fülle von Material, welche er in seinen unsterblichen Blättern niederlegt, wie der physiologische Geist, welchen er bei der Beherrschung, der Anordnung und Zerlegung des Stoffreichthums entfaltet. Einzelne Entdeckungen und Vervollständigungen, mit denen noch in der neuesten Zeit die Lehre von den Herzkrankheiten bereichert worden ist und welche bald mehr bald weniger Aufsehen gemacht haben, finden wir schon in jenem Werke angedeutet, welches noch vor der Mitte des vorigen Jahrhunderts als herrliches Meteor am medicinischen Himmel aufstrahlte, leider aber auch mit einem Meteor die Eigenschaft des raschen Verglühens zu theilen hatte. Wir dürfen versichern, dass bei Sénac nicht nur fast alle pathologischen Veränderungen welche im Herzen und seinen Anhängen anzutreffen sind, ihre Beschreibung gefunden haben, sondern bereits auch die schärfste und treffendste Berücksichtigung ihres ursächlichen Zusammenhanges und ihrer physiologischen Folgen. Nur muss man natürlich nicht erwarten, bei dem Leibarzte Ludwigs XV. diejenige Terminologie zu finden, mit welcher wir gegenwärtig gewohnt sind, von derartigen Verhältnissen zu sprechen. Von Insufficienzen, activen und passiven Aneurysmen u. dergl. ist bei Sénac allerdings die Rede noch nicht; aber wie die Kinder gemeiniglich auch schon vor der Taufe zu existiren pflegen, so hat vielleicht wohl schon vor 100 Jahren eine Entzündung der inneren Haut des Herzens bestehen und von sich reden machen können, noch ehe unsere Zeit das lebenskräftige Geschöpf Endocarditis zu nennen geruht hat. Welchen Eclat hat nicht Corvisart's Eintheilung der Aneurysmen in active und passive hervorgerufen! und doch können wir ihm hiebei nur das Verdienst des taufenden Geistlichen zuerkennen; denn schon 50 Jahre vor ihm hat Sénac gesagt: „ce qui est suprenant, c'est que les parois du coeur puissent s'exténuer et maigrir lorsque son volume devient fort gros; c'est pourtant ce qui est arrivé, comme on le peut prouver par une observation rapportée dans les Ephémérides. J'ai dit que ce fait est singulier, parceque, dans des cas semblables, les parois du coeur deviennent ordinairement fort épaisses." Kann man darnach noch zweifeln, ob Sénac von der Existenz der *dilatation avec amincissement*, des aneurysma passivum von Corvisart gewusst habe, oder nicht? In dieser Beziehung steht der grosse Laennec allerdings selbstständiger da als Corvisart: von seiner unsterblichen That, der Gründung der auscultatorischen Untersuchungsmethode, findet sich bei Sénac noch nicht der geringste Anklang. Aber auch viel feinere und complicirtere Verhältnisse, als die unverkennbar in die Augen springenden Erscheinungen der Hypertrophie und Dilatation des Herzens, finden sich bereits bei Sénac besprochen: so bestätigt er durch zwei Beobachtungen die in neuester Zeit von einigen französischen und englischen Schriftstellern geäusserte Ansicht von einem Insufficientwerden der Aortaklappen in Folge einer Erweiterung, welche die Aorta an ihrem Ursprung erfahren hat. Dabei macht er bereits in ganz scharf, wohl nur zu scharf aus einander gehaltener Weise auf die verschiedenen Eigenschaften des Radialpulses aufmerksam, je nachdem die Circulationsstörung durch eine Insufficienz oder eine Stenose bedingt ist.

Die Krankheiten, welche Sénac mit ganz vorzüglicher Sorgfalt beschreibt, sind die verschiedenen Arten von Herzerweiterung, die Herz- und die Herzbeutelentzündung, die Wassersucht des Herzbeutels, die Polypen und die Palpitationen. Die Bildung der Herzerweiterung erklärt er sich in der bekannten, rein mechanischen Weise, wonach diese pathologische Veränderung nur als einfache Verlängerung der Muskelfasern des Herzens betrachtet wird. Durch die fortwährenden und heftigen Anstrengungen des Herzens häufe sich in dessen Höhlungen eine Menge Blut an, dieselbe überwinde nach und nach den Widerstand, welchen ihr die Muskelfasern entgegenstellen, und die bedeutende Energie, mit welcher sich die Kammern um das angesammelte Blut contrahiren und dasselbe fortzuschaffen suchen, trage viel zur Entstehung einer Dilatation bei. Die Causalverhältnisse zwischen Pleura- und Lungenkrankheiten einerseits und Herzdilatation andrerseits, zwischen Stenosen der Aorta und der Lungenarterie und Dilatation der Herzkammern, zwischen Insufficienz der Aortamündung und Hypertrophie des linken Ventrikels, u. s. f., Alles dies ist Sénac bereits bekannt und wird von ihm allerdings noch nicht in ganzen, scharf auseinander gehaltenen Krankheitsbildern, sondern in dem Kapitel „du volume du coeur augmenté ou diminué" bald bloss in einzelnen treffenden Bemerkungen bald in weitläufigerer Auseinandersetzung abgehandelt. Die specielle Pathologie des Herzens eröffnet er mit einem besonderen Kapitel (Chap. IV.): Idée générale des maladies propres du coeur, pour conduire à un détail particulier sur chacune de ces maladies und hierauf folgt: Chap. V. Les maladies du Péricarde. VI. L'hydropisie du Péricarde. VI. (merkwürdiger Weise die vorige Nummer wiederholt): des blessures du Coeur. VII. Des Inflammations, des Abscès, et des Ulcères du Coeur. Dieses Kapitel schliesst mit folgenden schönen Worten: On peut donc, dira-t-on, ignorer ces maladies du coeur sans que cette ignorance soit pernicieuse aux malades. Les lumières les plus profondes que nous pouvons acquérir ne nous ont pas découvert des remèdes contre ces maladies; mais les tentatives n'ont pas été entièrement infructueuses; beaucoup de maux auxquels le coeur est sujet trouvent des remèdes qui donnent du soulagement, qui les pallient, qui en arrêtent les progrès. D'ailleurs il est honteux d'ignorer les maux auxquels une partie est sujette: si on ne les connaît pas, on prononcera témérairement sur une infinité de cas; on fatiguera les malades par des remèdes nuisibles ou inutiles; on hâtera la mort en traitant de tels maux, de même que ceux qui sont entièrement différents; on sera exposé á être démenti honteusement par les ouvertures des cadavres; enfin le danger sera pressant quand on croira qu'il est éloigné." Und zu diesem

Ausspruche voll Umsicht und Weisheit ist Sénac durch folgende, seine eigenen Angaben veranlasst worden: „Pour ce qui est des abscès et des ulcères du coeur, ils ne demandent pas d'autres remèdes que ceux qu'on applique aux abscès et aux ulcères des parties internes; mais qu'attendra-t-on de ces remèdes? L'expérience ne nous l'a point appris; et sans ces préceptes, que peut-on entreprendre avec quelque espérance de succès? Si on connaissait donc les abscès du coeur, on serait réduit aux secours généraux; on ne pourrait se conduire que par l'analogie, guide toujours incertain ou infidèle dans la Médecine.' — Chap., VIII. Du Volume du coeur augmenté ou diminué. — IX. Quelques maladies du coeur qu'on ne saurait connaître par aucum signe. — X. Des Polypes du coeur. — XI. Des Palpitations. — XII. La Syncope. Diese definirt er: „Le principe vital, c'est-à-dire, ce principe qui anime tous les ressorts de la machine animale, qui se soutient par lui-même, qui n'est pas soumis aux ordres de la volonté, n'est que l'action continuelle des nerfs et du coeur. Cette action peut diminuer peu-à-peu, et laisser le corps dans une langueur universelle, où elle peut se perdre tout-àcoup. L'état d'un corps où les forces vitales disparaissent dans peu de temps, et où l'âme semble se retirer et abandonner le corps, est appelé Syncope, u. s. f., und als Marginalbemerkung, wie sich deren fortwährend durch Sénac's Werk als der conciseste Ausdruck seiner Ansichten finden, steht: „Les obstacles qui se forment dans le coeur causent des syncopes."

Endlich verdient bei diesem merkwürdigen Werk noch ein Umstand Erwähnung, welcher, zunächst ganz äusserlicher Natur, doch nicht ohne tiefere historische Bedeutung ist. Sénac's Traité de la Structure du Coeur, de son Action et de ses Maladies, (dessen grösster Lobspruch vielleicht derjenige ist, welchen ihm sein eigener Verfasser in den Worten der Préface „cet ouvrage dicté, pour ainsi dire, par les sens" ertheilt) eröffnet nämlich jene lange Reihe ausgezeichneter Monographieen, welche unsere Wissenschaft dem französischen Genie verdankt und welche nunmehr von Sénac an die Namen Corvisart, Laennec. Tanquerel des Planches, Ollivier, Louis, Andral Bouillaud, Rayer, Barthez und Rilliet, Ricord und noch zwanzig andere bis auf Durand-Fardel zu einem Perlenkranze vereinigt, welcher entschiedener Maassen der Kleinodien-Truhe der andern Länder abgeht. Bei aller Allseitigkeit und Vortrefflichkeit der Leistungen dieser letzteren muss uns jeder literarische Bearbeiter der Medicin zugestehen, dass man stets an den Schatz jener Monographieen zu appelliren hat, sowie man an die Bearbeitung irgend eines speciellen Gegenstandes gehen will, und es ist ganz charakteristisch, dass ein Deutscher, dessen Arbeiten wir voll Anerkennung noch in jene Reihenfolge französischer Schriftsteller mit aufnehmen möchten, Lebert, seine, mit dem Beobachtungstalente Frankreichs unternommenen Arbeiten über die scrofulösen und krebsigen Krankheiten in französischer Sprache verfasst hat *).

Unter den grossen Proben von Belesenheit, welche Sénac an den Tag legt, ist uns aufgefallen, dass er hip-

---

*) Frerich's Leberkrankheiten versprechen auch auf dem Gebiete der deutschen Literatur das Beispiel einer solchen Monographie zu geben, ja vielleicht ein Muster, wie es von französischen Forschern noch nie erreicht worden. Mögen wir nur des unvergleichlichen Gewinnes, den die begonnene Arbeit verspricht, nicht durch jene Nationaleigenthümlichkeit der Deutschen, vermöge deren er so selten zum Ende und Abschluss kommt, beraubt werden, und möge Frerichs auch in dieser Beziehung uns ein Beispiel von dem praktischen Verfahren der Franzosen geben! Das ganze Räthsel jenes Reichthums und unserer Armuth liegt schliesslich nur darin, dass wir es zu gut machen wollen, der Franzose es unstreitig gut, aber vielleicht weniger umfassend, dafür aber fertig macht.

pocratische Beobachtungen über Herzkrankheiten citirt, welche wir in den Schriften dieses Altvaters unserer Kunst nicht haben auffinden können.

Nicht vom beschränkt medicinischen, sondern vom allgemein literarischen und welthistorischen Standpunkte aus betrachtet, gehört Sénac's Werk derjenigen Schule an, deren Ruf ebenso befleckt und mit Füssen getreten worden ist, als ihr Lorbeer ein unverwelklicher und ihre Frucht von unvergänglicher Schönheit und Herrlichkeit ist, nämlich der encyclopädischen. Der Einfluss, welchen der unter diesem Namen begriffene Kreis klarer, scharf und weit sehender Köpfe auf die Entwicklung der Heilkunde ausgeübt hat, ist bei weitem noch nicht gehörig gewürdigt worden. Deutschland gefällt sich nicht bloss darin, diesen Einfluss zu ignoriren, sondern im frommen Schauder bekreuzt es sich vor einer Schule, welche, wie es wähnt, nur vom Fleisch etwas wissen will und dagegen den Geist verhöhnt.

Ob aber die encyclopädische Schule in der That dem Geiste kein Recht will angedeihen lassen und ob sie sich bloss in algebraischen Formeln und materialistischer Auffassung bewegt, das können meine Leser aus folgendem Ausspruche entnehmen, welcher einen der ersten Träger dieser angefeindeten Richtung zum Verfasser hat, nämlich D'Alembert: „Lorsque les effets de la nature" sagt dieser würdige und aufgeklärte Denker und zwar ganz kurze Zeit vor dem Erscheinen des Sénac'schen Werkes, „sont trop compliqués pour pouvoir être soumis à nos calculs, l'expérience est le seul guide qui nous reste. Nous ne pouvons nous apuyer que sur des inductions déduites d'un nombre de faits. Il n'appartient qu' à des physiciens oisifs de s'imaginer qu' à force d'algèbre et d'hypothèses ils viendront à bout de dévoiler les ressorts du corps humain." Wie manche Schrift der neueren deutschen Literatur straft diesen treffenden Ausspruch des grossen

Encyclopädisten Lügen und als goldenes Motto sollte er namentlich jeder Arbeit über die **Herzkrankheiten** vorgedruckt werden!

In Sénac begrüssen wir nunmehr denjenigen Arzt, welcher die Grundsätze und die Methode jenes Kreises, in dessen Mitte er sich als Mitarbeiter und Freund bewegte, zuerst auf die Medicin und hier zunächst auf denjenigen Theil übergetragen hat, dessen Bearbeitung am meisten Noth that. Vor dem heiligen Geist, der in der Natur weht und alle ihre Fibern und Zellen beherrscht, beugte er sich in dem Gefühle der Schwäche und festlichen Andacht, welches den ächten Naturforscher charakterisirt. Aber er hielt dafür, dass sich kein sichtbares Objekt der sinnlichen Untersuchung entziehen dürfe, und so stiess er denn sein Bistouri auch in das Herz hinein und schlitzte es unbarmherzig auf bis in seine innersten Kammern. —

An diesen Columbus reihen sich nunmehr die Cortez und Raleigh's, welche in alle Winkel und Enden der neuentdeckten Welt drangen, und deren rohe Goldstufen zur allgemein gangbaren Münze schlugen. Unter diesen tritt uns zunächst Corvisart entgegen. Corvisart ist der glänzende historische Ausgangspunkt und der ruhmreiche Träger der zweiten Epoche in der Entwicklung einer Pathologie des Herzens.

Zwar fällt zwischen Sénac und Corvisart die Veröffentlichung einer Schrift, welche ihrem Verfasser nicht nur eine der ersten Rollen unter den Nachfolgern des bahnbrechenden Leibarztes Ludwig's XV. zutheilt, sondern welche ihm eigentlich nahezu jene historische Stellung anweist, die wir soeben dem Leibarzte Napoleon's zuerkannt.

Im Jahr 1761 erschien nämlich in Wien ein kleines Buch unter dem Titel: *Inventum novum in percussione thoracis humani ut signo abstrusos interni pectoris morbos detegendi. Vindob.*, eine Schrift, welche in ihren kleinen Dimensionen eine reiche Zukunft in sich barg, mochte sie von der Gegenwart damals auch nur in höchst bescheidener Weise belohnt werden. Ihr Verfasser war Leopold Auenbrugger von Auenbrugg, geboren zu Grätz in Steiermark den 10. November 1722, gestorben 1809 in Wien in stiller Zurückgezogenheit. Er hatte unter van Swieten studirt, war dann Arzt des von Karl VI. erbauten spanischen Hospitals geworden, in welcher Stellung er hinreichende Gelegenheit hatte, Brustkrankheiten durch die Perkussion zu erforschen. Daneben beschäftigte er sich viel mit den Geisteskrankheiten, gab über dieselben wirklich auch eine Schrift heraus, welche indessen ebenso wenig bedeutsam ist, als sein Bericht über eine im Jahr 1779 in Wien epidemische Ruhr oder sein Drama „der Schornsteinfeger." Uebrigens war er schon vor 1776 nicht mehr im spanischen Hospital angestellt und scheint ausserdem kein Amt verwaltet zu haben. Jene oben erwähnte Schrift sichert ihm indessen einen bleibenden Ruhm: denn in derselben legt er, als Entdecker der **Perkussion**, die Grundsätze dieses grossen diagnostischen Hülfsmittels nieder und zwar bereits so zu sagen fertig und abgeschlossen. Wenn man bedenkt, dass man sich heutzutage nicht für berechtigt halten darf, die Diagnose eines einzigen Herzleidens auszusprechen, ohne vorher die Herzgegend perkutirt zu haben, so wird wohl Niemand jenem Wiener Arzte seinen wohl verdienten Ruhm streitig machen, und wenn wir nicht ihn an die Spitze der zweiten Epoche in der Entwicklung einer Wissenschaft des kranken Herzens gestellt haben, so liegt der Grund in den äusseren Verhältnissen. Auenbrugger's Entdeckung blieb nämlich beinahe unbeachtet und wenn einer seiner Zeitgenossen derselben gedenkt, so geschieht es eher mit einem Wort des Unglaubens, ja des Spottes, als der Dankbarkeit und Empfehlung. Van Swieten will gar nichts davon wissen; Stoll spricht in seiner *Ratio medendi* davon, dass in der Lungenentzündung die kranke Seite, auf erfolgtes Anschlagen hin, einen schwächern Ton gebe, als die gesunde.

Nicht nur pflegt man von derartigen Stellen in Stoll's Werken zu sprechen, ohne dieselben aufgesucht und gelesen zu haben, sondern man kennt in gegenwärtiger Zeit Maximilian Stoll, diesen grössten Arzt seiner Zeit und vielleicht grössten Kliniker des ganzen 18. Jahrhunderts, im Allgemeinen so wenig mehr, dass wir uns nicht enthalten können, eine jener Stellen in vollständigem Auszuge hier in unsere Beiträge aufzunehmen und damit den urkundlichen Beweis für die überraschend vorurtheilsfreie Würdigung zu liefern, mit welcher der unsterbliche Wiener Arzt die neuentdeckte Untersuchungsmethode Auenbrugger's begrüsste. Mögen gleichzeitig die nachfolgenden Worte denjenigen, welche noch nie an diesem Quell geschöpft haben, zum Beweise dienen, dass das Wasser desselben noch nichts von seiner durchsichtigen Klarheit und erfrischenden, aber auch ernüchternden Kraft eingebüsst hat!

In den nach ihres Verfassers Tode von Joseph Eyerel herausgegebenen *Praelectiones* in diversos morbos chronicos. Vindobonae 1788. sagt Stoll:

— etc. Auenbrugger signum quoddam proposuit, quo usus possis determinare, an effusus quidam humor, *aqua* vel *pus*, sit in aliquo cavo thoracis. Hinc in thorace pulsat, ut qui dolium pulsat, exploraturus, an id resonet, seu an id liquore aliquo plenum sit, vel vero non sit."

„Hominem, in quo experimentum instituit, sedere jubet, et tenui sindone (Musseline) vel indusio (Hemde) solo indutum jubet spiritum attrahere, attractumque retinere. Tunc vero pulsat digitis exporrectis manuque tota partes thoracis varias, dorsum infra scapulam, latera, pectus anterius paulo supra mammam, auscultans, an percussus thorax resonet, sonitum edat, vel an percussus thorax *obtusum* sonum edat, uti solent corpora solida ex toto, aut uti solet *percussum femur*."

„Certum enim est, pulmonibus aere inspirato et retento explicatis, si thorax percutiatur, resonantiam quandam,— vel sonitum dolii vacui edi. (Ostendam id in aegris aliquando)."

„Ponas jam thoracis, ex. gr. cavum dextrum aqua repletum esse, pulmo illius lateris erit compressus, aëri recipiendo retinendoque impar. Hinc functionem pulmonum peraget pulmo socius. Pulmo ergo dexter ab aquis compressus in exiguum tunc spatium, et explicari impotens erit. Jam si thoracem dextram percutias, sonitum edet, non quemadmodum cava corpora solent, sed prouti solent corpora solida. Sonus est valde diversus a sono alterius lateris."

„Quaestio nunc est, quid doceat percussio thoracis non resonantis sub percussione."

„Respondes: Percussio non resonantis thoracis docet, pulmonem illius lateris aëris recipiendi incapacem esse, deletas esse vesiculas pulmonales."

„Modum vero, quo id fit, materiem, quae hanc vesicularum compressionem facit, ut aër recipi nequeat, percussio non docet."

„Hinc solum hoc signum a percussione petitum, neutiquam sufficit: neutiquam tamen spernendum, cum omnia alia signa subinde ambigua sint, ut hoc etiam accedente certa evadant. Dein percussio docebit, quonam in cavo morbus haereat."

„Videamus nunc, sub quibus conditionibus percussus thorax non resonet. Dictum in genere superius, pulmone aërem non continente non fieri sonum. Hinc thorax percussus non resonat: 1) in gravi peripneumonia, in latere affecto. Pulmo inflammatus durus, carnosus, voluminosus est, aërem inspiratum non recipit, estque instar corporis solidi. 2) Pulmo maximam partem obstructus, tuberculosus, scirrhosus: ratio in promptu est. 3) Pulmo compressus aquis, uti in hydrothorace, aut etiam pure, uti in empyemate. Hinc etiam utimur hoc signo ad determinandum empyema, aliis signis simul sumptis."

„Modus percussionis is est: fiat 1) in sedente, 2) aëre copiosius inspirato, et diutius sub percussione retento, 3) in non valde pinguibus."

Und Eyerel, einer der anhänglichsten Schüler Stoll's, bemerkt in seinen „Commentaria in Maximiliani Stollii Aphorismos de cognoscendis et curandis febribus, Vindob, 1789, Tom. Secund., pag. 135", woselbst von der Diagnose des Empyems die Rede ist:

„Multum nos saepe juvabat in schola clinica *thoracis percussio*, quod signum ab clarissimo vindobonensi medico Auenbrugger commendatur; at non solum, sed cum toto morbi decursu collatum, pus collectum esse significat u. s. f., beinahe in den vorhin wiedergegebenen, eigenen Worten Stoll's.

Allein trotz aller dieser, von den anerkennenswerthesten Seiten stammenden und von solch besonnenem Urtheil begleiteten Empfehlungen stand die neue, in die medicinische Welt hineingeworfene Idee freund- und schutzlos da.

Noch Sprengel, welcher zwar allerdings einen besondern Paragraphen in seiner Geschichte der Medicin Auenbrugger's und dessen Schrift widmet, drückt sich nur voll des kühlsten Sceptizismus über die Bedeutung des anempfohlenen Untersuchungsmittels aus, und in die weitern medicinischen Kreise des zu Ende gehenden 18. Jahrhunderts drang auch nicht die leiseste Kenntniss davon, dass in Wien eine neue Bahn eröffnet worden, der medicinischen Sphinx näher auf den Leib zu rücken.

Selbst die erste französische Uebersetzung von Auenbrugger's Monographie durch Rogière de la Chassague (angedruckt seinem Manuel des Pulmoniques, in 12⁰; Paris 1770) ging ohne alle Beachtung vorüber. Allerdings erscheint dies insofern begreiflich, als der Uebersetzer mit einer etwas schamlosen Naivetät gesteht, er selbst habe übrigens diese Methode noch nie angewandt. Dass sich nun auch die Leser dieser Schrift nicht sonderlich zu einem diagnostischen Hülfsmittel hingezogen fühlten, welches die Theilnahme seines Empfehlers in so spärlicher Weise rege machte, ergibt sich von selbst, und so war im Anfang dieses Jahrhunderts der grosse Auenbrugger'sche Gedanke verschollen.

Unter diesen Umständen haben auch wir den Wiener Arzt nicht zur epochemachenden, historischen Persönlichkeit stempeln dürfen, sondern mussten diese in Corvisart finden, welcher eine neue Uebersetzung der vergessenen Schrift besorgte und dieselbe mit einer Reihe der wichtigsten Beobachtungen bereicherte: Nouvelle Méthode pour reconnaître les maladies internes de la poitrine par la percussion de cette cavité, in 8°. Paris 1808. Unter dieser leuchtenden Aegide trat nun die Percussion auf den Markt der Welt, ward mit ihrem Erscheinen von einem tausendstimmigen Beifalle begrüsst und bald von der dichten Schaar der Schüler, welche sich um Corvisart drängte, in jegliche Länder der Welt hinausgetragen.

Jean Nikolas Corvisart-Desmarets wurde am 15. Februar 1755 zu Dricourt geboren, einem kleinen Dorfe bei Vouziers in der Champagne. Indessen blieb diese seine Geburtsstätte nicht lange sein Aufenthaltsort, sondern bald nahm ihn seine Familie mit sich nach Paris zurück, ihrem eigentlichen Wohnsitze und dem Wirkungskreise von Corvisart's Vater. In Folge des heftigen Streites nämlich, welcher in jenem genannten Jahre 1755 zwischen der Magistratur und dem Clerus in Frankreich statt fand und welcher diesen Staat zwar nicht gerade in so verderbliche Zuckungen versetzte, wie das Erdbeben ebenfalls von 1755 den portugiesischen, jedoch immerhin im Innersten erschütterte, hatte nämlich das Pariser Parlament die Hauptstadt verlassen und Corvisart's Vater, welcher Procurator an diesem Gerichtshofe war, dieses Exil theilen müssen und während der kurzen Dauer desselben erblickte nun der zukünftige Gründer einer glänzenden klinischen Schule das Licht der Welt. Binnen Kurzem rief die Unbeständigkeit, welche in den öffentlichen Angelegenheiten Frankreichs herrschte, das Parlament nach der Residenz zurück. Auch der Prokurator Corvisart folgte dem Zuge. Er war, wie es heisst, reich; liebte jedoch leidenschaftlich die Gemälde und diese Leidenschaft kostete ihn sein Vermögen um so sicherer, als sich mit dieser aufopfernden Liebe nicht in gleich hohem Grade Kennerschaft verband.

Er schickte seinen jungen Sohn nach Vincelle, einem Dorfe bei Boulogne am Meer, dessen Pfarrer ihm nahe verwandt war, und dieser führte nun den Knaben in das erste Verständniss der Literatur seines Vaterlandes ein, sowie er ihm auch die ersten Kenntnisse des Lateinischen beibrachte; und was noch unendlich mehr werth, als dies Alles: der würdige Dorfpfarrer übte den heilsamsten Einfluss auf die ersten Regungen der Gefühle und auf den Entwicklungsgang der Ideen seines Grossneffen aus. Daneben trieb sich dieser fortwährend mit der Dorfjugend herum und lernte von ihr verschiedene eigenthümliche Lieder. Die ernsthaftesten Studien und eine viel beschäftigte Stellung liessen ihn diese Weisen später vergessen und während langer Zeit gedachte Corvisart ihrer gar nicht mehr. Nach mehr als 50 Jahren, beinahe am Ende seines Lebens, tauchten sie jedoch mit einem Male wieder auf und der grosse Mann machte sich nun öfters das Vergnügen, am reichen Abend seines Lebens nochmals jene Melodien wieder vor sich her zu trillern, welche er in seiner wenig versprechenden Jugend in stiller glücklicher Zurückgezogenheit durch die Wälder und Fluren der Normandie hatte erschmettern lassen.

Zwölf Jahre alt trat Corvisart in das Collège Sainte-Barbe, jene Pflanzstätte so vieler grosser Männer und bekundete hier seine klassische Erziehung. Beim Studium von Biographien berühmter Männer gewährt es einen eigenthümlichen Reiz, bereits in ihrer Jugend Züge jenes Genies aufzufinden, welches später bei völliger Entwicklung seinen Glanz auf dieses oder jenes Feld menschlicher Thätigkeit geworfen hat. Dieses Vergnügen gewährt die Jugendgeschichte Corvisart's nicht: dieselbe weist keine einzige jener Offenbarungen nach, welche als ein leuchtendes Augurium eine grosse Zukunft zu verkünden scheinen, von der Wirklichkeit aber leider nur zu oft Lügen gestraft werden. Nur in zwei Beziehungen zeichnete sich der zukünftige grosse Kliniker einigermassen vor der Menge seiner Kameraden aus, übrigens in zwei Beziehungen, welche sich noch besser als die eine und nämliche betrachten lassen. Es waren nämlich bereits dem jungen Corvisart eine grosse Sicherheit im Denken und eine ebenso grosse Gewandtheit der körperlichen Bewegungen eigen. Wie im Denken, so sprach sich auch in diesen letztern der Vortheil des strengen, besonnenen Logikers aus. Uebrigens äusserte Corvisart später öfters die Maxime, dass man über den eigentlichen reellen Werth eines Menschen und den Grad seiner Fähigkeiten vor dem zurückgelegten 25. Altersjahre kein Urtheil fällen dürfe, möge der Betreffende auch schon früher die schönsten Hoffnungen gegeben haben. Für die Richtigkeit dieser Ansicht bietet Corvisart selbst wenigstens in der Hinsicht eines der glänzendsten Beispiele, als seine Jugend keineswegs jene eminente Stellung ahnen liess, welche ihm die Zukunft mit so vollem Rechte anwies.

Unter diesen Verhältnissen kam der Zeitpunkt heran, in welchem sich der junge Mann für die Wahl eines Berufes entscheiden musste. Die Erinnerung an jene glücklichen Jahre, welche er auf dem Lande zugebracht, bestimmte ihn, sich für ein ländliches Wirken auszusprechen. Doch gab sein Vater dies nicht zu, sondern, ihn für den Advokatenstand bestimmend, nahm er ihn in seine Geschäftsstube. Corvisart opferte zwar anfänglich seine Neigung der Pflicht. Allein bald gewahrte er, was ihn dieses Opfer kostete. Seine Beschäftigung ward ihm unerträglich. Eine verzehrende innere Unruhe trieb ihn, eine andere Bahn zu suchen, auf welcher er seine Kraft für das Leben verwerthen könnte. Aber welche, wusste er selbst noch nicht. Der Gedanke, Bauer zu werden, war bereits zu den andern Träumereien der Jugend gelegt. So ging es eine Zeit lang. Eigentlich um das unbekannte Reich zu entdecken, zu dessen thätigem Unterthan er von der Natur berufen sein möchte, entwich er öfters aus dem Bureau seines Vaters und suchte die tausend Gelegenheiten auf, in welchen die Weltstadt dem wissensdurstigen Geiste Labung und Sättigung reicht. Allein bei solchen heimlich vorgenommenen Entweichungen machte sich stets noch jenes lebendige Pflichtgefühl geltend, welches Corvisart auch später in seinen vielbeschäftigten Stellungen ausgezeichnet hat. Immer beendigte er, ehe er sich auf seine Entdeckungsreisen begab, nicht nur die ihm obliegenden Arbeiten, sondern er leistete seinen Aufgaben auch noch im Voraus Genüge und legte die Beweise davon auf sein Pult. Es war nicht leicht anders möglich, als dass der junge allenthalben umherstreifende Mann auch einmal in die Hallen unserer Wissenschaft gerathen musste. So geschah es auch. Corvisart wohnte einem besonders lebhaften und anregenden medicinischen Vortrage bei und sein Schicksal war entschieden. Jener Tag wandelte den zufälligen Zuhörer in den eifrigsten Schüler um; jener Tag war für denselben die erste Stufe zu einer glänzenden Zukunft und machte die Annalen unserer Kunst um einen stolzen Namen reicher, um den Namen Corvisart. Fragen wir nach dem Manne, dessen Wort an jenem Tage mit einem so grossartigen Erfolge gekrönt worden ist, so erfahren wir, dass es Anton Petit war.

Wohl wissend, dass er nur dann dahin kommen könne,

auf dem neu erkorenen Gebiete etwas Tüchtiges zu leisten, wenn er demselben all seine Kraft und Zeit widme, bricht er augenblicklich mit seinem bisherigen Wirkungskreise. Die Unzufriedenheit seines Vaters über die eigenmächtig getroffene Veränderung seines Lebensberufes kennend und dessen umstimmenden Einfluss fürchtend verlässt er das väterliche Haus, tritt allein, ohne Hilfsmittel, ohne Unterstützung und ohne Empfehlung in die Welt hinaus. Er wendet sich sogleich an die Pforte desjenigen Tempels, an dessen Altar er alles, was in ihm lebt, niederlegen will, und er bittet diejenige Gottheit um Hülfe, deren Priester zu werden er sich entschlossen hat. Er sucht im Hotel-Dieu eine Unterkunft. Nicht nur gelingt ihm dieses, sondern er findet Mittel, sich hier, mitten im reichsten Ueberflusse an Material zum medicinischen Studium, einen bleibenden Aufenthalt zu verschaffen. Was bedarf er mehr? Er wird zur Krankenpflege verwendet und bald ist er durch seine Heiterkeit, seine sprudelnden Einfälle — denn nunmehr ist die starre Eisdecke gebrochen und aus deren zusammenstürzenden Trümmern macht sich je länger je mehr der grosse Corvisart frei, — seine Gewandtheit, sein unverdrossener Eifer und seine immer thätige Wachsamkeit, ja bloss durch den lebensvollen Ausdruck seiner Physiognomie und das Feuer seines Blickes der Liebling und der Trost der Patienten geworden. Seine Erscheinung giesst einen wohlthätigen Zauber durch die mit Schmerz und Kummer gefüllten Räume. Mag man von Corvisart's Entschluss und der Art seiner Ausführung halten, was man will; das wenigstens muss Jedermann zugeben, dass ein Mann, welcher in Corvisart's Alter einen solchen Entschluss fasst und denselben mit einer solchen Entschiedenheit und Selbstverläugnung, einer solchen unerschütterlichen Willenskraft in's Werk setzt, kein gewöhnlicher Mensch ist, und in dem Erfolge, welcher Corvisart's kühnen, rücksichtslosen Schritt und die Anstrengungen seines Fleisses und Genies krönt, darf man gewissermassen die innere Berechtigung zu dem finden, was er gethan hat.

Wie zu allen Zeiten, so bestand in Paris auch damals in wissenschaftlicher Hinsicht ein Kreis von Männern, deren Ruhm, weit über die Marken Frankreichs dringend, sich auf die solidesten Verdienste stützte. Dieser Kreis umfasste alle Wissenschaften. Hier haben wir es jedoch nicht mit jenen Gebieten zu thun, welche von der Fackel eines Buffon, eines Jussieu oder eines Lavoisier aufgehellt wurden; vielmehr mit demjenigen Felde, welches von dem europäisch berühmten Anton Petit mit seinem praktischen Genie und seiner ungebildeten Feder, von dem rechtsgewandten Chirurgen Anton Louis mit seiner rastlosen Thätigkeit und übermüthigen Hitze, von dem melancholisch ernsten Felix Vicq d'Azyr mit seinem die gesammte Thierwelt umfassenden Blicke und mit der weichen Eleganz seiner Rede, welches von Portal und Desault bearbeitet wurde. An diese grossen Aerzte schloss sich nun unser junger Flüchtling an und ward ihr unverdrossenster und hingebendster Schüler. Dadurch allein wurde es ihm möglich, dem nachtheiligen Einflusse zu entgehen, welchen sonst die über allen Begriff mangelhafte und unverständige Einrichtung des öffentlichen Unterrichtes, wie er in der Medicin damals zu Paris geleitet wurde, auf den unerfahrnen Studirenden hätte ausüben müssen.

Corvisart warf sich mit gleichem Eifer auf die verschiedenen Theile der Medicin und Chirurgie. Sein unermüdlicher Fleiss, seine feurige Wissbegierde und der Reiz seiner Persönlichkeit brachten ihn bald in ein vertrauteres Verhältniss zu seinen Lehrern. Er ward deren Freund und Assistent und pflegte in dieser Eigenschaft die anatomischen Präparate zurecht zu machen, welche jenen zu ihren Demonstrationen dienen sollten. Bei einer solchen Gelegenheit verwundete sich einmal Corvisart. Die Verletzung schien anfangs leicht. Bald nahm sie jedoch jenen höchst gefährlichen Charakter an, welcher nur zu oft Sektionswunden eigen ist. Ruhig beobachtete der junge Arzt das Umsichgreifen des Uebels und mit stoischem Gleichmuthe, dem Resultate jener unerschütterlichen Verstandeskraft, welche Corvisart während seines ganzen Lebens nie verlassen hat, zählte er, die Uhr in der Hand, die wenigen Stunden, welche ihm aller Wahrscheinlichkeit nach noch zu leben übrig blieben. Vielleicht wäre wirklich ein tödtlicher Ausgang eingetreten, wenn nicht die Meisterhand Desault's das verwundete Glied in ihre Pflege genommen hätte.

Nach mehreren Jahren des angestrengtesten Studiums bestand Corvisart sein Examen. Dies war keine leichte Aufgabe: denn die Pariser Fakultät, welche auf der einen Seite ihren Zöglingen einen so verstümmelten und irrationellen Unterricht angedeihen liess, hatte unsinniger Weise auf der andern Seite die Prüfungen in einer höchst complicirten Form konstruirt und benahm sich zudem dabei noch mit übermässiger Strenge. Sie forderte von den zu Examinirenden weit mehr, als sie denselben, auch bei deren besten Willen und grösster Empfänglichkeit, während der Studienzeit geboten hatte. Nichtsdestoweniger absolvirte Corvisart diese Prüfungen auf's Glänzendste. Obgleich der jüngste unter den andern gleichzeitigen Candidaten, ging er als der erste aus dem Kampfe hervor, und es wird uns bei diesem Anlasse berichtet, dass sowohl der Reichthum seiner Kenntnisse als die Klarheit und Sicherheit seines Verstandes allgemeine Bewunderung auf sich gezogen hätten.

Letztere Eigenschaft sprach sich auch in seiner These aus, welche er in lateinischer Sprache bei dieser öffentlichen Prüfung zu vertheidigen hatte. Er behandelte darin die Menstruation und zwar erörterte er die Frage, ob dieselbe bloss in mechanischer Weise, bloss als die Folge von Plethora erklärt werden könne. Diese Ansicht war nämlich von der damals noch viele Anhänger zählenden mechanischen Schule in der Medicin aufgestellt worden, wurde jedoch von Corvisart in der genannten mit eleganter Correktheit geschriebenen Schrift mit jenen Argumenten widerlegt, welche überhaupt der mathematischen Erklärungsweise der Vorgänge in unserem Körper keineswegs ihre theilweise, aber jedenfalls ihre unbedingte und alleinige Anwendung streitig machen.

Endlich hat dieser Zeitpunkt in Corvisart's Leben auch in so fern eine Bedeutung, als er sich nun entscheiden musste, ob er die Medicin oder die Chirurgie ausüben wolle. Er entschied sich für die erstere, hiezu wahrscheinlich durch den geheimen Vorsatz bewogen, in die Medicin jene Schärfe, jene Bestimmtheit und Sicherheit in der Beurtheilung der pathologischen Verhältnisse und in der Festsetzung des Heilverfahrens hinüberzutragen, welche den Stolz der Chirurgie bilden, und welche, so hoch auch immerfort noch natürlicher Verhältnisse wegen diese über jener steht, jedenfalls der damaligen Heilkunde ganz und gar abgingen.

Im Jahr 1782 wurde Corvisart Docteur-Régent der Facultät, eine Stelle, welche sich in unseren Verhältnissen etwa mit derjenigen eines zwar nur überaus kärglich besoldeten Privatdocenten vergleichen lässt. Nach der üblichen Sitte hatte er eine Habilitations-Rede zu halten. Zum Gegenstande derselben wählte er „les agrémens de l'étude de la médecine et les désagrémens de la pratique". Leider aber hat sich der Vortrag selbst nicht erhalten.

Als Gegengewicht gegen die „désagrémens" der Praxis verschaffte sich unser junger Arzt die „agrémens" des Studiums im ausgedehntesten Maasse. Nur schöpfte er diese letztere auch aus seiner Thätigkeit als Lehrer.

Anton Petit hatte an der Facultät mehrere Lehrstühle gegründet; unter andern einen der Anatomie, welchen er für den Sohn eines Freundes bestimmte. Diesen Lehrstuhl nahm nun Corvisart ein, zunächst zwar nur als Assistent; jedoch hatte er allen Pflichten desselben zu genügen. Damit verband er Privatkurse über Physiologie, chirurgische Operationslehre und Geburtshilfe, und verwaltete noch das Amt eines Armenarztes von der Stadtgemeinde S. Sulpice. Allen diesen Anforderungen entsprach er mit einer strengen Gewissenhaftigkeit, welche einen Hauptzug seines Charakters ausmacht. Allein inmitten eines so geschäftsreichen und für Andere so wohlthätigen Wirkungskreises befand sich Corvisart in grösster Dürftigkeit und musste — sein fixer Gehalt betrug jährlich nicht mehr als 300 Franken — seine Zuflucht zum Borgen nehmen. Im Schoosse des Reichthums und des Glanzes erinnerte er sich später oft dieser Jahre harter Prüfungen und erzählte seinen Zöglingen, welchen vielleicht der grosse Name oder die hohe Stellung ihres Lehrers mehr imponirten, als das seltene Verdienst, die Quelle dieser Grösse, gerne sowohl von den schweren Sorgen seiner frühern Lage, als von den wohlthätigen Spenden, welche dieselbe hie und da zu erleichtern pflegten.

Endlich schien ein lang genährter Wunsch Corvisart's eine schöne Erfüllung zu finden. Schon seit dem Beginn seiner ärztlichen Laufbahn hatte er sich nämlich gesehnt, an einem Spital die Stelle des dirigirenden Arztes zu erhalten und sich durch gewissenhafte Benützung eines reichern Materials, als die Privatpraxis gestattete, im praktischen Gebiete seiner Kunst möglichst fördern zu können. Zufälliger Weise wurde nun in einer derartigen, und zwar erst seit dem Jahr 1778 gegründeten Anstalt (in der Nähe des Vaugirard) die Stelle eines Arztes vakant. Da das Etablissement eine Privatstiftung war, hing die Besetzung auch von einer Privatentscheidung ab, und Corvisart begab sich desshalb zu der hohen Dame, der Gründerin der Anstalt, und bat um die erledigte Stelle. Unsere Leser errathen schwerlich den Grund, welcher Corvisart's Bewerbung scheitern machte. Wie lächerlich und unsinnig derselbe auch heutzutage erscheinen mag, so besass er vor etwas mehr als einem halben Jahrhundert Macht und Bedeutung genug, um eines der grössten ärztlichen Talente der neuern Epoche für einige Zeit von einem Schauplatze fern zu halten, auf welchem es sich in voller Kraft und Schönheit hätte entfalten können. Jene Dame nämlich, welche übrigens noch einen durch ihren Mann sehr berühmten Namen trägt, stellte als Bedingung für die Verleihung der nachgesuchten Stelle an Corvisart die Forderung, eine Perrüke zu tragen. Es scheint sich daraus zwischen beiden Parteien eine ziemlich lebhafte Conversation entsponnen zu haben, in Folge deren Corvisart seinen Abschied nahm und in einem Billete der etiquetteliebenden Dame seinen bestimmten Entschluss meldete, sein eigenes Haar tragen und behaupten zu wollen. Damit brach jede weitere Unterhandlung ab.

Eine Entschädigung, und zwar eine reichliche und ungeahnte, in gewisser Beziehung sogar ungewünschte, wartete auf Corvisart.

An der Charité leitete damals der grosse Desault die chirurgische Klinik und verschaffte derselben einen europäischen Ruf. Durch ein inniges Freundschaftsband mit ihm verbunden, war neben ihm Desbois de Rochefort als medicinischer Kliniker thätig. Wenn der Name Desault jetzt noch überall bekannt ist und nur mit hoher Anerkennung ausgesprochen wird, ist dagegen derjenige seines Collegen so ziemlich verschollen. Nichtsdestoweniger verdient auch Desbois in der Geschichte der Medicin dankbare Erwähnung: keineswegs wegen seines Werkes über Arzneimittellehre, obwohl dasselbe eine Menge der werthvollsten Beobachtungen und praktischen Winke enthält; auch nicht weil er zuverlässigen Ueberlieferungen zufolge ein seltenes diagnostisches Talent besass; sondern weil er, und zwar rein aus eigener Ueberzeugung und eigenem Antriebe endlich auch in Paris das Beispiel jener medicinisch-klinischen Vorträge aufstellte, für welche seither die französische

Hauptstadt zum — wenigstens formellen — Muster geworden ist.

In der Persönlichkeit Corvisart's vereinigten sich die Vorzüge dieser beiden ausgezeichneten Aerzte; mit dem intuitiv errathenden Blicke und dem hinreissenden Feuer von Desbois verband er Desault's kühle Ueberlegung und dessen ruhiges klares Darstellungstalent, und so geschah es, dass schon längst, zwar vielleicht den innern Ursachen nach unbewusst, ein Gefühl der Sympathie die beiden Kliniker der Charité zu dem jungen Armenarzte von S. Sulpice zog. Beinahe gleichzeitig suchten sie sich denselben unter dem Titel eines Adjunkten oder Suppleanten beizugesellen. Zwischen beiden schmeichelhaften und lockenden Anerbietungen schwankte Corvisart eine Weile; allein wiederum entsagte er der chirurgischen Thätigkeit und wendete sich der innern Heilkunde zu. Mit allem Eifer und seinem ganzen glänzenden Talente unterstützte er Desbois' Bestrebungen, dem klinischen Unterricht eine feste und sichere Basis zu geben, und ihm bei den andern Spitalärzten der Hauptstadt und unter den Studirenden zu einer allgemeinen Pflege und Anerkennung zu verhelfen.

Corvisart's unermüdliche Anstrengungen und ausserordentliche Leistungen hatten den ehrwürdigen Vater Potentien, den Superior des Charité-Spitales, zum ernsten und schweigenden, aber genau beobachtenden und einflussreichen Zeugen, welcher bald eine, freilich an und für sich höchst traurige Gelegenheit erhielt, sein Wohlgefallen an der Wirksamkeit des klinischen Assistenten an den Tag zu legen.

Mitten aus der kräftigsten Blüthezeit des menschlichen Alters, mitten aus dem grossartigen Wirken, welches sich von Tag zu Tag noch grossartiger und glänzender zu entfalten schien, raffte nämlich ein frühzeitiger Tod Desbois de Rochefort hin und im Jahr 1783 wurde Corvisart zum dirigirenden Arzt der Charité ernannt. Bei dieser Wahl, welche seine kühnsten Wünsche realisirte, hatte namentlich jener Père Potentien mitgewirkt, welcher gegenüber den von hohen Orten stammenden Empfehlungen der andern Candidaten mit lauter und entschiedener — wie der Ausgang zeigt, auch mit entscheidender — Stimme die Tüchtigkeit und Vortrefflichkeit seines Schützlings geltend machte. Doch auch Corvisart selbst hatte durch eine rührende und pietätsvolle Lobrede auf Desbois die Wählenden sehr für sich eingenommen, so dass jener fromme Spitalgeistliche bei seiner Verwendung um so leichteres Spiel hatte.

In Corvisart's Hände waren nämlich die hinterlassenen Manuscripte des verblichenen genialen Klinikers gelegt worden, und er war es nun, welcher die erste Ausgabe von Desbois': Cours élémentaire de matière médicale, suivi d'un précis de l'art de formuler. Paris 1780. 2 vol. in 8. besorgte. Diesem Werke liess er jenes Eloge voransetzen, dessen wir vorhin gedacht haben und welches er in einer der Fakultätssitzungen vorgetragen hatte. Uebrigens wurde jenes Lehrbuch der Arzneimittellehre in Avignon einige Jahre später nachgedruckt und erlebte endlich noch eine rechtmässige 2. Ausgabe, im Jahr 1817, bearbeitet von Lullier-Winslen.

So hatte nun Corvisart den Gipfel seines Strebens erreicht. Der Zögling war der Nachfolger seines Lehrers geworden und der Ruhm dieses letztern erhielt dadurch erneuten Glanz. Corvisart nahm die klinischen Vorträge von Desbois wieder auf, und so wie er an die Spitze des praktischen Unterrichtes trat, fing sein Name, welcher bis dahin nur auf den engen Kreis weniger Collegen beschränkt gewesen war, an, immer grössere Verbreitung zu erlangen. Mit jedem Tage befestigte sich sein Ruf sicherer und als sieben Jahre später, im Jahre 1795, die erste „école de médecine" gegründet und ein klinischer Lehrstuhl in das schöne, hoffnungsreiche Institut aufgenommen wurde, ward

Corvisart, bereits ohne Nebenbuhler dastehend, ohne Widerstand von irgend welcher Seite in seiner Stellung bestätigt: nur nahm jetzt diese Stellung selbst, welche bis dahin nur aus freiem Antriebe zum klinischen Unterrichte benützt worden war, durch die Sanktion des Gesetzes einen gewichtigeren und würdigeren Charakter an. Jetzt erst, 1795, durfte sich Frankreich hinsichtlich seiner medicinischen Lehranstalten auf gleiche Linie mit Deutschland, namentlich mit dem von den bessern Aerzten Frankreichs vielfach beneideten Wien stellen.

Um die nämliche Zeit fand sich für Corvisart Gelegenheit auch am Collège de France mitzuwirken. Dieses grossartige Institut besitzt nämlich ebenfalls einen Lehrstuhl der Medicin. Obwohl diesem eigentlich die praktische Heilkunde bestimmt wäre, so wird gleichwohl hier die Medicin nur in rein theoretischer Weise gelehrt, da durchaus alles Material zur klinischen Behandlung fehlt. Unserm ausgezeichneten Kliniker an der Charité ward nunmehr dieses Lehramt, dessen eigentlicher Inhaber zufälliger Verhältnisse wegen seinen Verpflichtungen nicht nachkommen konnte, provisorisch übertragen. Allein bald fanden seine Vorträge am Collège de France in so hohem Grade Beifall und Auszeichnung, dass, sowie im Jahr 1795 der betreffende Lehrstuhl definitiv vakant wurde, Niemand anders in Frage kommen konnte, als Corvisart, und auch noch diese bedeutungsvolle Stelle ihm verliehen wurde.

So kam jene glückliche Vereinigung von Praxis und Theorie zu Stande, welche, im deutschen Unterrichte von jeher das Uebliche, in Paris nicht nur damals etwas Ungewöhnliches war, sondern zum grossen Theile auch heuzutage noch ist. Die Zöglinge, welche Morgens Corvisart's Klinik beigewohnt hatten, versammelten sich wieder Nachmittags im Collège de France um ihn und vernahmen nun in zusammenhängenderer und ausführlicherer Rede, als es am Krankenbette oder im Amphitheater möglich gewesen war, die Schilderung der einzelnen Krankheiten, die Bedeutung der Symptome, deren eigentlichen Sitz und die Gründe des eingeschlagenen Verfahrens. Selbst für diese theoretischen Vorträge am Collège, an welche das Auditorium mit Hinsicht auf Form, auf Schönheit des Ausdrucks, auf elegante Abrundung des Ganzen Ansprüche zu machen pflegte, welche beim klinischen Unterricht durchaus wegfallen, bereitete sich Corvisart nie vor. „Je veux en parlant me sentir à l'aise", sagte er mit Rücksicht auf diesen Punkt „la contrainte d'une préparation me gêne; elle eteint ma verve, elle m'ôte toute liberté", und Pariset bemerkt dazu: „il ne s'y préparait jamais, précisément parce qu'il y était toujours préparé. Der Eindruck, welchen ein Vortrag von Corvisart hervorrief, war auch immer ein grosser und allgemeiner, bedingt ebensosehr durch das Feuer, welches der Redner seinen Worten einzuhauchen, als durch die Klarheit und Durchsichtigkeit der Form, in welche er seine Ideen zu kleiden verstand.

Hoch anzurechnen ist dabei der glückliche Griff, mit welchem Corvisart den Schriftsteller wählte, welchen er seinen theoretischen Vorträgen zu Grunde legte. Dass er sich nämlich hiezu den ruhmreichsten Namen der Wiener Schule, dass er sich hiezu den grossen Maximilian Stoll erkor, dass er sich bei seiner begeisterten Verehrung für Boerhaave nicht an van Swieten und nicht an de Haën hielt, sondern jenem unsterblichen Schwaben den Vorzug angedeihen liess: Alles diess zeugt für den eminenten, tief erfassenden Scharfblick dieses Mannes. Diese Wahl muss um so anerkennenswerther erscheinen, als Corvisart sich dadurch über den Nationalfehler seiner Landsleute, Gleichgültigkeit gegen ausländische Leistungen und vornehmes Ignoriren derselben, erhaben zeigte, und wir betrachten es in der That für eine ungewöhnlich schöne Erscheinung, dass Corvisart, gefeiert eben so sehr als Kliniker wie als Docent, dass Corvisart im Besitze seiner vollsten Manneskraft und immenser, eigener Erfahrungen, dass ein Mann auf diesem Höhepunkte der ärztlichen Stellung der literarischen Welt nichts Besseres glaubte bringen zu können, als die Uebersetzung desjenigen Werkes, dessen unablässiges Studium in ihm die reinste und dauerndste Bewunderung erregt hatte. Seiner Uebersetzung von Stoll's „Aphorismi de cognoscendis et curandis febribus (Viennae 1786. 3.)" fügte Corvisart übrigens nicht nur noch den Originaltext bei, sondern liess in diesem noch durch eine besondere Einrichtung hervortreten, welche von den Aphorismen Stoll und welche Boerhaave angehören. Indessen war Corvisart nicht etwa ein blinder Anhänger Stoll's, sondern hielt sich, wie es bei einem so scharfen und selbstständigen Geiste vorauszusehen war, mit Lob und Beifall, mit Kritik und Tadel in einer ganz unabhängigen Stellung. Ueberhaupt commentirte er hinwiederum den Wiener Kliniker in der Weise, wie es dieser mit dem grossen Vorbilde von ihnen beiden, mit dem Hippokrates von Leiden, gethan hatte.

Durch das Studium von Stoll's Schriften ward Corvisart zuerst mit jener diagnostischen Erfindung bekannt gemacht, welche sich in seiner Hand zu einem so mächtigen Hebel für das damalige blühende Emporstreben der Heilkunde gestaltete, nämlich mit der Perkussion, und wir haben gesehen, dass der nämliche bewunderungswürdige Takt, die nämliche Anerkennung der Bedeutung fremder Leistungen und die nämliche massvolle Zurückhaltung hinsichtlich seiner eigenen, welche ihn Stoll's Schrift übersetzen liessen, Corvisart veranlassten, späterhin auch eine Uebersetzung der damals ganz verschollenen Aphorismen Auenbrugger's zu veranstalten.

Noch reicher und glänzender jedoch, als im Collège de France, entfaltete sich Corvisart's Genie in der Charité, nicht desshalb reicher und glänzender, weil er etwa dort weniger auf seinem Gebiete war, als hier; vielmehr bloss darum, weil des Arztes wahre und eigentliche Bühne nicht das Katheder, sondern das Krankenzimmer, und weil ein mittelmässiger Praktiker noch immer ein grösserer Mediciner ist, als der besste Docent. Einstimmig geht das Urtheil aller derjenigen, welche Zeugen gewesen waren von Corvisart's klinischer Thätigkeit, dahin, ihn als einen der vollendetsten Meister in diesem Kreise ärztlichen Wirkens zu erklären, und wir gestehen offen, dass die Ausführlichkeit und Genauigkeit, mit welcher wir hier vor unsern Lesern das Bild von Jean Nicolas Corvisart-Desmarets zu entrollen uns bestreben, weniger in seinen Verdiensten um unsern eigentlichen Gegenstand, die **Krankheiten des Herzens**, ihren Grund haben, als in der hervorragenden Stellung, welche er als **Kliniker** einnimmt. In dieser Eigenschaft, der höchsten, in welcher sich die ärztliche Thätigkeit kund geben kann, soll Corvisart's Name von jedem Arzte gekannt sein. In der Geschichte der französischen Klinik bezeichnet er denjenigen Standpunkt, welchen dreissig Jahre später Schönlein für die deutsche errang, und wenn es Jemand unternähme, eine Geschichte der Klinik zu schreiben, so müsste wohl Corvisart in den Eingang der neuesten oder gegenwärtigen Epoche derselben gestellt werden.

Corvisart führte zuerst konsequent in seiner Klinik jenes mit strengster Gewissenhaftigkeit und oft kleinlich erscheinender Genauigkeit vorgenommene **Krankenexamen** durch, welchem die neuere Medicin ihre glänzenden Fortschritte verdankt, d. i. jenes Examen, dessen Träger die fünf Sinne sind, welches sich nur mit grösstem Widerwillen und erst in allerletzter Instanz entschliesst, über diese hinauszugehen und eine Kunde zu vernehmen, welche jene fünf grossen Herolde verschweigen, und dessen grösster Ruhm darin besteht, ein **objectives** genannt zu werden. Diese scharfe objective Untersuchungsmethode ist, wenigstens in dieser Allseitigkeit selbst den grossen Aerzten des Alterthums abgegangen. Bei ihnen war sie eine weit einseitigere und ging beinahe ausschliesslich nur vom Auge aus. Allerdings verstand dieses der Hellene auf den vor ihm liegenden Kranken mit einer so tief eindringenden und die leisesten Züge erfassenden Schärfe zu heften, dass es uns manchmal scheint, als ob ein Beobachtungstalent dieser Art mit so mancher andern Herrlichkeit des griechischen Alterthums für immer von unserer Erde verschwunden sei. Daneben legte aber Hippokrates und Aretäus noch ein grosses Gewicht auf die subjectiven Symptome und nur der Umstand, dass wir dieses Gewicht je länger je mehr schmälern und beschränken, dabei bei der Vornahme eines Krankenexamens nicht nur das Auge, sondern gleichmässig alle Sinne anstrengen und gegenüber dem Gesichtssinne namentlich dem Gehöre zu einem entscheinden Votum verholfen haben, nur diesem Umstande ist es zu danken, dass wir jenen antiken Beobachtern im Gesammtresultat unserer Leistungen nicht nur nicht nachstehen, sondern dass wir ohne Vergleich sicherer und feiner diagnosticiren, als sie; freilich mit Aufbietung von unendlich mehr Mühe und Zeit.

Wenn sich jedoch mit jener objectiven Sinnesbeobachtung wirklich auch Genie verbindet, wenn zu der einzig wahren Untersuchungsmethode der modernen Medicin in einzelnen Fällen bei dem Beobachter noch ein angeborner Scharfblick hinzutritt, kaum um etwas geringer, als bei den grössten Repräsentanten der hellenischen Heilkunde, dann lassen sich in der That — wenn nicht die schriftstellerischen, doch jedenfalls die praktischen Leistungen eines Corvisart und eines Dupuytren, eines Schönlein und eines Skoda gar nicht mehr vergleichen mit denjenigen eines Hippokrates und eines Aretäus, sondern das Alterthum liegt besiegt zu den Füssen unserer Zeit.

Jene Untersuchungsmethode übte und diesen Scharfsinn besass aber unser Kliniker an der Charité in einem ganz eminenten Grade und dass die Fülle des letzteren ihn nie die erstere ausser Acht setzen liess, dass das Vertrauen auf die Intuition seines Genies ihn nie der Mühe seines umfassenden Krankenexamens entheben konnte, gereicht ihm zu um so grössern Ruhme, als das entgegengesetzte Verfahren bei so hoch begabten Aerzten leider eine nicht seltene Erscheinung ist und es doch ewig wahr bleibt, dass in der Medicin das glänzendste Genie eine genaue und unbefangene körperliche Untersuchung nie zu ersetzen vermag, und trotz seines Adlerfluges vor dem schneckengleichen Fleisse immer den Kürzern ziehen wird.

Jeden Morgen machte Corvisart, gefolgt von einer von Jahr zu Jahr dichter werdenden Schaar von Zöglingen, mit der pünktlichsten Genauigkeit und Sorgfalt seine Visite in der Charité, nahm die gewissenhafteste und mühsamste Untersuchung der einzelnen Fälle vor, liess sich jedoch, ausser dem, was das Examen mit sich brachte — so mahnte er dabei seine Zuhörer fortwährend zur möglichst vollständigen „éducation des sens", zur „éducation du toucher, de l'odorat, de la vue, et surtont de l'ouie" und wies, weil dieser letzte Sinn der von den damaligen Aerzten am wenigsten gepflegte, am meisten vernachlässigte war, vor allem aus namentlich immer auf diesen in dringlichster Weise hin — wir sagen, ausser solchen die Untersuchungsmethode betreffenden Bemerkungen liess sich Corvisart am Krankenbette selbst nicht weiter über die einzelnen Fälle aus. Nach geschlossener Visite begab er sich jedoch in das Amphitheater. Hier erstattete er nun jene zusammenhängenden klinischen Berichte, welche den durchsichtigen Glanz seiner theoretischen Vorträge am Collège vereinigten mit dem gespanntesten praktischen Interesse, und welche allen Theilnehmern unvergesslich geblieben sind. Solche Zeugen waren oft anerkannte Namen von Professoren, von Collegen Corvisart's, welche hier, im Amphitheater der Charité, auf den Bänken sitzend den in krystallhelle Form gegossenen Vorträgen, den prägnannten Krankenbildern, den schlagenden Résumé's, den feinen, kühn und sicher hingeworfenen

Diagnosen ihres Freundes lauschten und sich aus dem silberklaren Quell für ihren eigenen Wirkungskreis fruchtbar bewässerndes Element schöpften.

Doch jenes nach der vortrefflichsten Methode vorgenommene Krankenexamen, jene der treuesten Beobachtung und einem ächt wissenschaftlichen Geiste entstammenden Vorträge im Amphitheater waren nicht die einzigen Momente, welche in Corvisart's Klinik das helle Morgenroth des herankommenden schönen Tages begrüssen lassen, sondern an das Krankenexamen hatte er noch eine Prüfung anderer Art anzuschliessen, kaum weniger wichtig als jene und dabei vor jener den Vorzug eines sicherern und handgreiflicheren Resultates in sich tragend. Wir meinen das Todtenexamen, die Leichenobduktion.

Obwohl von den bedeutenderen praktischen Lehrern der Medicin schon längst der Werth der Sektionen anerkannt und wenigstens theilweise mit ihrem Unterrichte verbunden worden war, obgleich namentlich Maximilian Stoll diesem Gegenstand die grösste Aufmerksamkeit gewidmet hatte und gerade desshalb in den Annalen der Klinik den unmittelbaren Vorgänger Corvisart's bildet und eine Epoche abschliesst, während dieser die nächst darauf folgende eröffnet, so muss doch unser Kliniker an der Charité als der erste betrachtet werden, welcher die Autopsieen in der Weise zu würdigen verstand, wie dieselben den Stolz der heutigen Medicin ausmachen, d. h. als einen nothwendig integrirenden Bestandtheil jedes klinischen Unterrichtes, als den einzig sichern Prüfstein für jede gestellte Diagnose. Hier im Sektionssaale feierte Corvisart namentlich jene Reihe glänzender Triumphe, welche sein Andenken unvergesslich machen und seinen Namen mit dem Ruhme eines unvergleichlichen Scharfsinnes krönen.

Nur höchst selten ertheilte das Sektionsmesser einer von Corvisart ausgesprochenen Diagnose das Dementi, und wenn er sich geirrt hatte, so erschien der Irrthum in gewissem Sinne selbst noch als Wahrheit, wie z. B. in einem bekannten Falle, in welchem Corvisart eine bedeutende Menge flüssigen Exsudates diagnosticirt hatte und die Sektion dagegen eine feste Masse nachwies. Man begreift, dass in einem solchen Falle die Perkussion den Vorwurf nicht an sich kommen lassen kann, ein unrichtiges Resultat geliefert zu haben. Dadurch, dass sie die Anwesenheit eines luftverdrängenden Mediums nachgewiesen, hat sie ihre Aufgabe erfüllt und das Urtheil über die Natur dieses Mediums gehört nun nicht mehr in ihr Bereich. Hinsichtlich des erwähnten Falles kann deshalb auf Corvisart ebenso wenig eine Blâme geworfen werden, als z. B. auf Piorry, welcher, als ihm einst ein Leichnam zur Perkussion vorgelegt wurde, aus dessen Thorax zuerst das Herz vom Rücken her herausgenommen und durch einen Stein ersetzt worden war, allerdings den Stein als solchen nicht diagnosticirte, dagegen vermittelst der Perkussion mit aller Schärfe die Contouren des angeblichen Herzens bestimmte und sich dabei nicht wenig über die absonderliche Form und Lage des Eingeweides wunderte. Auch dieser Fall machte seiner Zeit ein gewisses Aufsehen und man glaubte auf Kosten Piorry's darüber lachen zu können. Persönlich schätzen wir Piorry's Verdienste um unsere Wissenschaft nicht gar hoch, mit Ausnahme seiner Leistungen in Sachen der Perkussion, und auch hier nur mit Einschränkung. Indessen ist keine Frage, dass, wenn in jenem Falle überhaupt etwas Lächerliches liegt, einzig und allein nur über die Dummheit derer gelacht werden kann, welche dem Kliniker an der Pitié jenen unverständigen Streich gespielt und dass dieser Streich gerade einen Triumph der Piorry'schen Kunst hervorgerufen hat.

Corvisart hatte die Gewohnheit, sich vor jeder Sektion von einem seiner Zöglinge alle Einzelnheiten des vorliegenden Falles rekapituliren zu lassen, hierauf die Diagnose nochmals auszusprechen und anzugeben, welche pathologischen Veränderungen man aller Wahrscheinlichkeit nach bei der Autopsie finden werde. Dann erst wurde nunmehr zu dieser geschritten.

Eine Menge Anekdoten existiren über die glänzenden Genugthuungen, welche bei solchen Anlässen Corvisart's kühne Divinationsgabe erfuhr, Anekdoten, welche zwar bei dem gegenwärtigen Standpunkte der Diagnostik nicht mehr jenen Charakter des Ausserordentlichen an sich tragen, welcher ihnen im Anfange dieses Jahrhunderts unbestrittener Maassen zukam, welche indessen auch jetzt noch als Beweise eines ungewöhnlichen Talentes gelten müssen, sobald man bedenkt, dass Corvisart zu seinen oft haarscharfen Diagnosen ohne Hülfe der Auskultation gelangte. So wird uns aus authentischer Quelle berichtet, dass Corvisart in einer leichten Unpässlichkeit, wegen deren sich ein Mann in das Spital aufnehmen liess, sogleich ein Herzleiden der verhängnissvollsten Art erkannte und seinen Zuhörern den nahen Tod des Unglücklichen verkündete. Von diesem Uebel hatte der Patient selbst keine Ahnung gehabt und es war dasselbe auch von keinem andern Arzte erkannt worden. Nur zu bald konnte sich Corvisart's Klinik von der buchstäblichen Wahrheit des Ausspruches ihres Meisters überzeugen. Ein ander Mal rief Corvisart beim Anblicke eines Portraits, welches für einen andern Blick nichts Auffallendes darbot, aus: „hat der Künstler hier wirklich genau gemalt, so ist das Original an einer Herzkrankheit gestorben." Und es war in der That so.

Die Zeugnisse, welche uns Cuvier und Pariset von dem fast beispiellosen Scharfblicke Corvisart's, seinem fast nie fehlenden Urtheil geben, besitzen für uns keineswegs die entscheidende Bedeutung, welche in unsern Augen ein Ausspruch Dupuytren's besitzt. Dieser, in seiner Art eine nicht mindere, ja vielmehr eine noch aussergewöhnlichere Persönlichkeit, als Corvisart, dabei — wenn nicht höhnisch und wegwerfend, — so doch zum Wenigsten streng und rücksichtslos in seinem Urtheil, sagt von seinen Collegen: „Nous l'avons vu assigner, avec une précision qui tenait du prodige, la nature, le siège, et, à quelques lignes près, la mesure des rétrécissements des orifices du coeur, et des gros vaisseaux qui en partent.

Durch jene Consequenz, mit welcher Corvisart die Leichenuntersuchung in den klinischen Unterricht einführte, wurde natürlicherweise dem Studium der pathologischen Anatomie bedeutender Vorschub geleistet. Zunächst von dem Bestreben geleitet, das merkwürdige diagnostische Talent ihres Meisters in jedem einzelnen Falle bestätigt und zur Evidenz nachgewiesen zu sehen, warfen sich voll lebendigen Eifers eine Menge Zuhörer Corvisart's auf jenen Zweig unserer Wissenschaft. Ihnen schlossen sich die trefflichsten jüngern Collegen unsers Klinikers an. Es bildete sich behufs einer möglichst erfolgreichen Bearbeitung der pathologischen Anatomie eine eigene Gesellschaft und so kam es, dass zu einer Zeit, in welcher in den andern Ländern die Mehrzahl der Aerzte kaum etwas von der Existenz einer solchen Wissenschaft wusste, aus dem Schoosse der Corvisart'schen Klinik die pathologische Anatomie bereits lebenskräftig und zu grossen Thaten gewappnet emporstieg, bereits mit einigen frisch gepflückten Lorbeeren geschmückt, aber in die Ferne hinaus nach noch reichern durchgreifend.

Wenn man aus dieser Darstellung etwa den Schluss ziehen wollte, dass wir in Corvisart den Schöpfer der pathologischen Anatomie zu erblicken meinen, so müssen wir eine derartige Auffassung ablehnen. Schöpfer der pathologischen Anatomie ist und bleibt Morgagni, d. h. dieser unsterbliche Arzt und Lehrer zu Padua hat zuerst die pathologische Anatomie, welche an und für sich ein so alter und ursprünglicher Zweig der Medicin ist wie jeder andere, vom Raritäten- und Monstrositätenladen zu einer Tempelhalle der Wissenschaft erweitert und eingeweiht. Corvisart's

Verdienst besteht bloss darin, diese neue Wissenschaft wirklich auch als einen den andern ebenbürtigen und gleich nothwendigen Bestandtheil ächter medicinischer Bildung erkannt und in seiner Klinik gepflegt zu haben. Dass dieselbe dann hier binnen kurzer Zeit ein so erfreuliches Gedeihen fand, ist zum Theil allerdings auch Corvisart zuzuschreiben, zum Theil jedoch verschiedenen glücklichen Umständen, wie namentlich der gleichzeitigen Thätigkeit so seltener Männer, wie Pinel, Bichat, Laënnec u. s. f. Demjenigen übrigens, welchen Morgagni (geb. 1682) und Corvisart (geb. 1755) der Zeit nach zu weit von einander entfernt erscheinen, als dass dieser ohne eine grössere Reihe von Zwischengliedern die Ideen des erstern hätte aufnehmen und weiter bilden sollen, geben wir zu bedenken, dass jene 5 Bücher unvergänglichen Verdienstes, *de sedibus et causis morborum per anatomen indigatis,* von Morgagni erst in seinem 80. Lebensjahre herausgegeben worden sind und dass sich von diesem, als fast unerreichbarem Muster dastehenden Werke die Erhebung der pathologischen Anatomie zum Range einer Wissenschaft herdatirt.

Jedoch war es Corvisart nicht beschieden, in dem geschilderten doppelten Wirkungskreise während langer Zeit thätig zu sein. Es öffnete sich ihm eine andere Sphäre, noch reicher, noch glänzender, noch ungewöhnlicher, als jene erste, aber für den weitern Kreis von Leidenden und Zöglingen leider nicht mehr so wohlthätig und segensvoll. Wir würden noch ein stärkeres Bedauern über diese neue Wirksamkeit Corvisart's empfinden, knüpfte sich dieselbe nicht an den grössten Namen dieses Jahrhunderts. Zudem müsste sich der Ausdruck unsers Bedauerns insofern etwas sonderbar ausnehmen, als wohl gerade in dieser neuen Rolle, in welcher von nun an Corvisart auftritt, der Grund liegt, um dessen willen wir hier überhaupt von ihm sprechen können. Es ist uns nämlich in hohem Grade unwahrscheinlich, ob Corvisart, in seiner Stellung als Kliniker an der Charité und als Professor am Collège de France neben der Besorgung seiner Privatpraxis noch Musse zu schriftstellerischen Arbeiten gefunden und uns demnach mit jenen beiden Werken beschenkt hätte, welche — mit ähnlichen Erzeugnissen ähnlicher Geister — auf die Entwicklung der neuern Medicin mit umgestaltendem Einflusse eingewirkt haben.

Längst war nämlich, während Corvisart in den klinischen Sälen der Charité eine grosse Aufgabe der Wissenschaft und der Kunst in ebenso grosser Weise löste, unter den vereinzelten Lichtpunkten am umdunkelten Himmel des revolutionären Frankreichs ein Stern emporgetaucht, leuchtender als derjenige Sieyes' und Vergniaud's, als derjenige Moreau's und Dumouriez's, ja ein Stern, flammender selbst und siegreicher als derjenige des gewaltigen Mirabeau. Am Schlusse des vorigen Jahrhunderts hatte dieser Stern den gewitterschwangern Horizont Frankreichs gereinigt, war dadurch selber zur Sonne geworden, und um diese Sonne schaarte sich nun Alles, was durch Glück oder Geist, mit Hülfe des Schwertes oder der Feder sich aus dem Schoosse der gährenden Elemente hatte hervorthun können.

Der Held der Pyramiden und Marengo's schmückte seinen Hofstaat mit allen Namen, auf welche in irgend welcher Weise der Glanz des Verdienstes und des Ruhmes gefallen war. Auch der Medicin wollte er seine Achtung bezeugen und er sprach diese Achtung dadurch aus, dass er die zwei hervorragendsten Träger an die Spitze des Médicinalwesens stellte und diesen beiden glänzendsten Repräsentanten der französischen Heilkunst den Namen „Medecins du Gouvernement" verleihend mit ihnen seine Person umgab. Diese beiden Männer waren Corvisart und Barthez.

Seit Langem war nämlich Bonaparte mit seinem Leibarzte Dr. Sue unzufrieden gewesen. Diese Stimmung vermehrte sich, als sich seiner seit der Rückkehr aus Aegypten je länger je mehr ein bedeutendes körperliches Unbehagen bemächtigte, welchem Sue nicht nur nicht zu steuern, sondern für dessen Sitz und Wesen er nicht einmal eine Erklärung zu geben wusste. Denn seine Ansicht, dass der erste Consul an einer Krätzmetastase leide, bestand selbst nicht vor der Prüfung eines Laien, freilich eines Laien, dessen angeborner Scharfblick ihn auf allen realistischen Gebieten das Wahre schneller herausfinden liess, als es den meisten Fachmännern möglich war. Napoleon gab sich mit jener Diagnose einer „gale répercutée" um so weniger zufrieden, als er sich je länger desto unwohler fühlte und als jene Ansicht von dem Wesen seiner Krankheit beim Publikum bereitwilligen Eingang und Anlass zu den abgeschmacktesten Gerüchten gegeben hatte. So kam also zu Napoleon's Bestreben, seine Person im Allgemeinen mit bedeutenden Männern zu umgeben, noch ein eigentliches Bedürfniss. Um sich selbst seinen neuen Leibarzt zu erküren, liess er die drei renommirtesten Praktiker, welche Paris damals besass, in drei einzelnen Malen zu sich kommen und bot sich ihnen zur medicinischen Untersuchung an. Diese Eingeladenen waren: Pinel, Portal und Corvisart. Die Wahl, welche Napoleon traf, ist ein neuer Beweis für jenen eminenten Scharfblick, mit welchem der grosse Mann zu bestimmten Zwecken bestimmte Persönlichkeiten herauszufinden verstand. In dem in Frage stehenden Falle tritt dieses merkwürdige Talent noch um so glänzender hervor, als sich dasselbe auf einem Napoleon's Bestrebungen sonst möglichst fern liegenden Gebiete zu erproben hatte.

Vorerst musste — vom unbefangenen rein wissenschaftlichen Standpunkte aus betrachtet — neben den beiden andern Concurrenten Portal ausser Berücksichtigung fallen. Nicht, dass wir die Verdienste dieses Arztes nicht mit aufrichtiger Anerkennung in Erinnerung haben, in einer Erinnerung, welcher wir oben bei Anlass der von Portal besorgten zweiten Ausgabe von Sénac's unsterblichem Werke wirklich auch Worte geliehen haben; nicht, dass wir uns die hohe Stellung, welche Portal im Anfange dieses Jahrhunderts unter den Praktikern der französischen Hauptstadt einnahm, vollkommen zu erklären verständen und dieselbe als durchaus berechtigt betrachteten — Alles dieses zugegeben, so erleidet doch nicht den mindesten Zweifel, dass neben einem Pinel und einem Corvisart ein Portal in den Hintergrund tritt und dass, wenn im medicinischen Olymp, welchen wir aus einem Hippokrates und Galen, einem Sydenham und Boerhaave, einem Vesal und Bichat, einem Harvey und Haller u. s. f. bestehen lassen, Corvisart und Pinel die Rollen von Halbgöttern vertreten, Portal nur als Mensch, wenn auch als ein ganz würdiger und hochbegabter Mensch, an der Schwelle der Götterhalle steht. Immerhin aber ist bemerkenswerth, dass dieses Verhältniss dem Scharfblicke Bonaparte's nicht entgieng und er somit Portal nicht zu seinem Leibarzte erkor. Denn Portal's Ruf, Persönlichkeit und reeller Werth waren gross genug, um mehr als einem, recht hell sehenden Mediciner und Nichtmediciner zu imponiren. Der etwas zweifelhaftere Bourbonenblick erhob dann Portal später auf die Stelle, die Napoleon ihm versagt hatte.

Allein auch zwischen Pinel und Corvisart konnte und durfte der erste Consul nur den zweiten wählen. Und deshalb hat er auch in der That nicht anders gewählt!

Man würde sich sehr irren, wenn man aus dieser Bemerkung den Schluss ziehen wollte, dass wir die Verdienste Pinel's denjenigen eines Corvisart's nachsetzen, dass wir die wissenschaftliche Bedeutung des letztern derjenigen des erstern voranstellen. Nicht nur ist dieses keineswegs der Fall, sondern wir stehen gar nicht an, Pinel's Einfluss auf die Entwicklung der neuern Medicin unbedenklich weit höher anzuschlagen, als denjenigen Corvisart's. Pinel's Stellung in den Annalen unserer Wissenschaft ist eine bedeutungsvollere. Wir können uns sogar eine Bearbeitung der Geschichte der Medicin denken, ohne dass Corvisart darin aufgeführt ist; ohne Pinel nicht. Ueberhaupt erscheint uns dieser als die seltenere, noch reicher begabte und bevorzugtere Natur. Allein zum Leibarzte eines Napoleon's taugte ein Philippe Pinel nicht recht; dagegen war hier eine treffliche Bühne für die eigenthümliche Individualität eines Nikolas Corvisart's.

Pinel's Wesen bestand in einer stillen, scheuen, manchmal fast zaghaften Zurückhaltung. So fliessend geistreich der weitberühmte Arzt an der Salpétrière im engsten Kreise seiner Freunde zu reden verstand, so verliess ihn diese Gabe augenblicklich, wie er vor einer Versammlung oder nur vor einzelnen, namentlich ihm imponirenden fremden Personen aufzutreten hatte. In solchen Fällen wurde seine Rede bisweilen zum eigentlichen Stammeln, sodass Niemand unter der wenigstens ganz alltäglichen Hülle der äusseren Erscheinung den ausserordentlich feinen und klaren Geist vermuthete. Dazu kam noch, dass die eigenthümliche Richtung seiner wissenschaftlichen Methode nothwendiger Weise eine gewisse Langsamkeit in seinen Urtheilen bedingte. Durch und durch Mathematiker wie er auch ein vortreflicher Geometer war, legte er kein Gewicht auf augenblickliche Inspiration und liess sich desshalb sein Urtheil niemals von jener kühnen Divinationsgabe diktiren, welche in Corvisart's Wirken eine so grosse Rolle spielte. Pinel entwickelte ein Moment aus dem andern, reihte ein Glied an das andere, schloss die Kette ab und nun erst war die Entscheidung reif. Dass dieser rein induktive Gang viel Zeit in Anspruch nehmen, oft auch schwerfällig erscheinen musste, ist begreiflich. Nun war aber ein solcher Charakter nicht von der Art, wie Napoleon seine Leute liebte. Er sah seinen durchbohrenden Adlerblick gerne wenigstens von einem kecken Falkenauge erwiedert. Sein Blitz sollte sogleich sein Wiederleuchten, sein Donner augenblicklich sein

Echo finden. Es ist bekannt, dass er auf seine Fragen rasche Antworten liebte, ja, dass er selbst Ungenauigkeiten und Unrichtigkeiten in den Antworten um der Schnelligkeit und Entschiedenheit willen verzieh, mit welchen sie seinen Fragen gefolgt waren. Mit einem Manne, welcher an ihn gerichtete Fragen auf die Goldwage legte, Gewichte zugab und wieder wegnahm, den Einfluss der Temperatur auf das Zünglein prüfte u. s. f., kurz, mit einem Manne von Pinel's langsam berechnendem und dabei befangenem Wesen war dem stürmischen Sieger von hundert Schlachten im Feld und Cabinet nicht gedient. Die Eigenschaften, welche er in seinem Leibarzte suchte, fand er im umfassendsten Grade in dem dritten der Gerufenen und so kam es, dass der Kliniker an der Charité Leibarzt des ersten Consuls wurde und bald darauf auch als solcher beim Kaiser der Franzosen fungirte.

Bei diesem Anlasse können wir unmöglich die Mittheilung einer Thatsache unterdrücken, welche für die Kenntniss von der Entwicklung der neuern Medicin nicht ohne Interesse ist und welche dabei den beiden Betreffenden zur hohen Ehre gereicht. Wie in dem so eben erwähnten Falle, so standen sich Pinel und Corvisart überhaupt schroff gegenüber, und ein gemeinsames Ziel machte sie öfters zu direkten Nebenbuhlern; Nebenbuhlern, vor deren Glanze alle andern Konkurrenten in den Schatten traten, welche aber dadurch gerade nur um so entschiedener einander als Gegner gegenübergestellt wurden. Wir könnten verschiedene interessante Beispiele dieser Art berichten. Der Raum gestattet uns bloss im Allgemeinen die Berührung dieses Verhältnisses. Die „école de Paris", welche sich im Anfange dieses Jahrhunderts im Schoosse der französischen Hauptstadt konstruirt hatte und welche einen so immensen Einfluss auf die Entwicklung der neuern Heilkunde ausgeübt hat, war an ihrem Sitze selbst eigentlich in zwei Schulen gespalten und die Studirenden der Medicin bildeten zwei gesonderte Heereslager, von denen sich das eine mit Stolz die Schule von Pinel, das andere, natürlich mit nicht minderem Bewusstsein, diejenige von Corvisart oder der Charité nannte. Die Chefs beider Schulen waren die Idole ihrer Zöglinge, welche mit der ganzen Eifersucht und ungestümen Liebe der Jugend die Ansprüche ihrer grossen Lehrer vertheidigten und diess leider nur zu oft auf keine bessere Weise erreichen zu können meinten, als dadurch, dass sie auf den Trümmern des Ruhmes ihres Gegners denjenigen ihres Meisters gründeten. Mit unermüdlicher Hartnäckigkeit uud brennendem Eifer maassen sich die jungen Leute unablässig mit einander. Allein niemals nahmen Pinel und Corvisart, gleich ausgezeichnet durch Grösse des Geistes wie durch Edelmuth des Herzens, an diesem Treiben den geringsten Antheil und dachten überhaupt nicht an eine Rivalität, in welche ihre Anhänger sie zu versetzen, gleichsam hinein zu zwingen suchten. Pinel duldete in seiner Gegenwart nicht das leiseste, gegen Corvisart gerichtete Wort, und dieser unterdrückte mit der ganzen Strenge seiner Rede jeden Schatten einer Insinuation gegen jenen. Ebenso beeilte er sich, zum Rang eines Leibarztes erhoben, seinen ausgezeichneten Mitbewerber in den weiteren Kreis der konsultirenden Aerzte des Staatsoberhauptes aufzunehmen.

Bei diesem oft mit leidenschaftlicher Hitze geführten Streite über die Verdienste der beiden berühmten Kliniker verhielt sich das grössere Publikum unentschieden. Ihm imponirte Beider Wirken mit gleicher Stärke und der einzige, welcher, ohne Zögling Corvisart's zu sein, sich parteiisch gegen Pinel benahm, war vielleicht der edle Pinel selbst. Dieser beugte sich nämlich bei Gelegenheiten mit bewusster Anerkennung vor der mächtigen Erscheinung Corvisart's. Lag ja doch in dessen Wesen etwas, welches ihn überall durch die zurücktretenden Reihen hindurch geleitete und ihm im ersten Rang seinen Platz anwies! Dieses

Etwas, welches mehr formeller Natur war, als dass es einem tieferen inneren Werthe entsprang, fehlte aber gerade dem äusseren Auftreten Pinel's.

Diese würdige Stellung, welche Pinel und Corvisart gegen einander einnahmen, haben wir hier mit um so freudigerer Anerkennung erwähnt, als auch solche Vorgänge moralischer Art neben so vielem andern Schönen und Glanzvollen aus der gegenwärtigen Pariser Schule gewichen zu sein scheinen.

Uebrigens muss man nicht annehmen, dass Corvisart etwa bloss in divinatorischer Weise über den Sitz des Uebels bei Bonaparte geurtheilt habe. Vielmehr unterwarf er bei seinem Besuche den ersten Consul jener scharfen objektiven Untersuchung, in welcher er Meister war, und bei diesem Anlasse feierte die Perkussion einen ihrer ersten und zugleich glänzendsten Triumphe. Bei der genauen perkussorischen Untersuchung der Magengegend seines erlauchten Patienten fand nämlich Corvisart bereits die ersten Spuren jenes Uebels, welches, zunächst noch von der Sonne von Austerlitz und von Jena zurückgehalten, fünfzehn Jahre später mit solch unheilvoller Entschiedenheit hervortreten sollte. Auf dieses Ergebniss hin, welches in der angeblichen Krätzmetastase ein organisches Magenleiden entdecken liess, verordnete der neue Leibarzt sogleich eine bestimmte Behandlung, namentlich eine bestimmte Diät, welche, freilich noch unterstützt von dem Balsam einer Kaiserkrönung sowie überhaupt dem Glück jener ruhmgekrönten Tage, den Gesundheitszustand des hohen Patienten bald auf das trefflichste umgestalteten.

Um vor unsern Lesern ein vollständiges Bild von dieser Wahlangelegenheit zu entwerfen, erwähnen wir schliesslich noch, dass Napoleon allerdings aus jenen drei in Frage kommenden Candidaten Corvisat erkor, dass er ihm jedoch noch Paul Joseph Barthez an die Seite stellte.

Hierin bewies er seinen gewohnten, bewunderungswürdigen Scharfblick und diplomatische Natur. Dadurch, dass er nämlich den berühmten Verfasser der „*Nouvaux Eléments de la science de l'homme*" ebenfalls zu seinem Leibarzt erhob und ihn diese Stellung nur mit einem einzigen, aus der Pariser Schule hervorgegangenen Collegen theilen liess, stellte er die Universität Montpellier wieder zufrieden, deren ausgezeichnetster Sprössling und bekanntester Träger gerade Barthez war. Diese Wahl war dabei noch um so passender, als sie die Theorie und die Praxis jedesmal in ihrem damaligen berühmtesten Repräsentanten, jene in Barthez, diese in Corvisart zu vereinigen und damit der einen wie der andern ihr Recht angedeihen zu lassen wusste. Obgleich aber beide gleichzeitig zu „médecins du gouvernement" ernannt wurden, so wurde doch bald Corvisart ausschliesslich médecin du chef du gouvernement.

Mit Uebernahme dieser Stellung trat die Wirksamkeit Corvisart's in ein neues Stadium. Seine bisherigen Verhältnisse änderten sich alle. Unmerklich ward er dem klinischen Unterrichte und seinen theoretischen Vorträgen durch Pflichten entrückt, welche gebieterisch augenblickliche Erfüllung forderten. Mit Befriedigung erblickt man zwar den grossen Praktiker als den ärztlichen Rathgeber eines glänzenden Hofes und dessen strahlenden Mittelpunktes, und mit Bewunderung gewahren wir, wie sein Verstand immer klar und sicher die Schwierigkeiten überwindet, welche ihm das rauschende Gewühl des Hoflebens entgegensetzt. Aber nichtsdestoweniger kann man darum kaum ohne eine gewisse Wehmuth an denjenigen Corvisart zurückdenken, welcher, in den Sälen der Charité, gefolgt von einem unendlichen Schwarme begeisterter Zöglinge, von Kranken zu Kranken eilt, deren Leiden auf ihren verborgensten Sitz zurückführt und die Richtigkeit seines gefällten Urtheils am Sektionstische mit dem Messer nachweist. Auf welcher Seite lag wohl das segensvollere Wirken, die reinere Befriedigung? Welcher der beiden Lebensabschnitte schloss wohl das friedlichere Glück ein, die erste oder die zweite Hälfte seines Lebens? Corvisart, dein ernstes, strenges, fast finsteres Antlitz auf einem Bilde aus der späteren Zeit gibt schweigende, aber genügende Antwort.

Uebrigens sind wir jetzt in Corvisart's Leben bei dem Zeitpunkte angelangt, welcher zunächst die Veranlassung zu unserer Schilderung des denkwürdigen Mannes abgegeben hat. Mitten in der Geschäftsthätigkeit und der Aufregung, welche Corvisart's Zeit am kaiserlichen Hofe in Anspruch nahmen, fand er doch noch Musse genug, im Jahr 1806 ein Werk über die Herzkrankheiten zu veröffentlichen. Die eigentliche Publikation besorgte zwar Horeau, sein Zögling, Freund und Mitarbeiter, und Corvisart führt desshalb auf dem Titel seiner Arbeit mit billiger Anerkennung auch den Namen dieses letztern auf (*publié sous ses yeux par le docteur C.-H. Horeau*). Letzterer Zusatz soll bereits in der zweiten im Jahr 1811 erschienenen Auflage (in's Englische übersetzt von C.—H. Hebb 1816) fehlen. Jedenfalls fehlt er in der 3., vor uns liegenden Ausgabe des Epoche machenden Werks und trägt in dieser überhaupt folgende Ueberschrift: *Essai sur les maladies et les Lésions órganiques du coeur et des gros vaisseaux; par J. N. Corvisart, Baron, officier de l'ordre royal de la Légion-d'Honneur, mémbre de l'Institut etc. — 3. Edition, corrigée et augmentée. Paris, 1813. 8. pag. 489.*

Dieser Arbeit ist dabei auf den Titel noch das Motto vorangedruckt: *Haeret lateri lethalis arundo*. Virg. Aeneid., in Betreff dessen sich der Verfasser selbst, nahe am Schlusse seiner Arbeit, in folgender Weise äussert: „Si l'histoire les maladies dont j'ai traité dans et ouvrage n'est pas complète, elle suffit du moins, et même sur abondemment, à prouver que le pronostic, dans le mal confirmé, est d'une certitude malheureusement trop grande, et que c'est alors que la vérité de l'épigraphe du livre trouve son application aussi rigoureuse que lamentable: Haeret lateri lethalis arundo."

Dieses Werk ist nunmehr nicht nur das Beste, das seit Sénac über Herzkrankheiten veröffentlicht worden ist, sondern es begründet dasselbe überhaupt eine neue und zwar die zweite Epoche in der Entwicklung dieses Zweiges der Pathologie.

II. Zur Anatomie.

Es ist eine wenigstens unter den praktischen Aerzten weit verbreitete Meinung, dass die Topographie der Brusthöhle und der darin eingeschlossenen Organe abgeschlossen sei und in den vorhandenen Lehrbüchern ihre zuverlässige und erschöpfende Schilderung gefunden habe. Man weiss, dass im Gebiete des Gehörorganes, des Bauchfells, des Leisten- und Schenkelkanals, der verschiedenen Articulationen u. s. w. noch manche zum Theil sehr wesentliche Punkte des Aufschlusses harren. Allein unwillkürlich ist man geneigt vorauszusetzen, es werde der anatomischen Forschung wenigstens doch das möglich gewesen sein, über die Brusthöhle, die Lage und die Grenzen ihrer Eingeweide, mit sich in's Reine zu kommen und damit einem Interesse zu genügen, das sich vielleicht brennender als jedes andere an die Demonstrationen des Skalpells knüpft. Wirklich erinnert man sich auch noch aus der Zeit, in der man das Colleg über Anatomie besuchte, dass bei der Darstellung der anatomischen Verhältnisse der Brusthöhle der Vortragende nicht auf die mindeste Schwierigkeit zu stossen schien. Ja, beim Verfolgen der Schilderung des Gehörorganes, des Schenkelkanales, des Bauchfelles, welche letztere beide sich so gut eines Labyrinthes zu erfreuen haben, als das erstere, mischte sich ein Stück ägyptische Finsterniss in die jugendliche Phantasie. Allein es tagte dagegen so sonnenklar das Verhältniss von Herz zu Lunge, von Mittelfell zu Zwerchfell in uns auf, dass sich im Stillen der Wunsch regen musste, es möchte seiner Zeit in der Stunde der Prüfung Fortuna uns diese Nuss zum Knacken auferlegen. Auch die Lehrbücher, in denen man seine Studien vervollständigte und welche sonst kein Hehl über anderweitige Misslichkeiten im Gebiete der Anatomie machten, handelten scharf und klar die Verhältnisse des Thorax ab, und wenn man dann im Leben hie und da einmal Gelegenheit zu einer Section erhielt, so schien der klare Tag, der mit dem Eröffnen des Brustkorbes auf die Brusteingeweide niederleuchtete, wenigstens aus dieser Region Wolken und Nebel, Zweifel und Unbestimmtheit zu bannen. Auch ist man bei den tausendfältigen mikroskopischen Untersuchungen der Gegenwart schon aus Optimismus zu der Annahme geneigt, es habe die Anatomie, wie es scheint, ihre nächstliegenden und wichtigsten Aufgaben erfüllt und wende sich nunmehr in zweiter Linie minder hohen und dringlichen Zielen zu, ähnlich wie die heutige Astronomie sich der Untersuchung der Sternschnuppen zuzuwenden anfängt, nachdem Sonne und Sterne erforscht, so weit es vor der Hand möglich war.

Unumwunden haben wir im Obigen wenigstens unsern Entwicklungsgang dargelegt. Ebenso unumwunden gestehen wir aber nunmehr unsere durch zahlreiche eigene Erfahrungen gewonnene Ueberzeugung, dass man sich im Gebiete der Anatomie der Untersuchung der Sternschnuppen schon zu einer Zeit zugewendet hat, in welcher noch jeglicher Beruf vorhanden gewesen wäre, sich mit der Sonne und den Sternen zu beschäftigen. Wir wollen uns nicht anmassen zu bestimmen, welche unter den Gegenständen der letztjährigen anatomischen Untersuchungen etwa als Sternschnuppen taxirt werden dürften. Dagegen wird man uns so viel gelten lassen, dass in der Sphäre der Anatomie das Herz füglich als Sonne figuriren kann, und diese

Sonne, glauben wir, ist durch jene Irrwischlichter etwas in den Hintergrund gedrängt worden.

Die Wahrnehmungen bei Leichenöffnungen geben reichlichen Anlass, sich von der Richtigkeit dieser Bemerkung zu überzeugen. Es drängen sich nämlich hiebei dem Beobachter sowohl constante Abweichungen von den Angaben der Wissenschaft, wie sie vom Katheder gelehrt werden oder in Buch oder Bild verzeichnet stehen, als auch die mannigfaltigsten individuellen Varietäten auf, von denen ihm niemals etwas gesagt worden ist. Allerdings ziehen solche nur in selteneren Fällen die Aufmerksamkeit des gewöhnlichen praktischen Arztes auf sich. Diesem bietet sich nur hie und da Gelegenheit zu einer Section, dabei pflegt die Möglichkeit einer Vergleichung zu fehlen, und da die gedachten Differenzen nicht so frappant sind, um für sich allein besondere Beachtung zu erregen, so meint der Secirende, es verhalte sich Alles wie bei der letzten Autopsie, die man vorgenommen, und eilt über die unwesentlich scheinenden äussern Verhältnisse hinweg zur Untersuchung des Innern der Organe. Wem aber eine Spitalpraxis Anlass gibt, gleichzeitig mehrere Leichen zu untersuchen und neben einander unter sich zu vergleichen, der kann sich der Ueberzeugung nicht erwehren, dass hier noch grosse Lücken in unsern anatomischen Darstellungen bestehen.

Auch die von verschiedenen Seiten mit anerkennenswerthem Fleisse und Geschick geübte Untersuchungsmethode, nach welcher man durch die Thoraxdecken Nadeln sticht und darnach dann die Lageverhältnisse der unten liegenden Organe bestimmt, weist grosse Abweichungen von der sogenannten Norm nach. Uebrigens können wir diesem Verfahren, so sehr es auf den ersten Blick etwas Einleuchtendes und Bestechendes hat, nach unsern Erfahrungen keine unbedingte Beweiskraft zuerkennen. Bei der nämlichen Leiche erhielten wir verschiedene Resultate, durch denselben Einstichspunkt traf unsere Nadel auf wesentlich andere Unterlagen, und wir schöpften aus unsern Versuchen wenigstens die Ueberzeugung, dass selbst zu diesem anscheinend so leichten und in Jedermanns Fähigkeit liegenden Experimente Uebung und Geschick erforderlich sind.

Aufs Unwiderleglichste bewies uns indessen ein wirkliches praktisches Bedürfniss das Ungenügende und Lückenhafte der Aufschlüsse, welche die topographische Anatomie bei ihrer gegenwärtigen Ausbildung über die Lagerung der Eingeweide der Brusthöhle gibt. Wir sind nämlich schon zweimal in den Fall gekommen, das Sternum reseciren zu müssen, und beide Male wäre es uns im höchsten Grade erwünscht gewesen, zuverlässige und möglichst detaillirte Angaben über die Anatomie des vordern Mittelfellraumes zu erhalten. Allein es wurden uns solche Angaben von keiner Seite her weder in der erforderlichen Genauigkeit, noch mit Berücksichtigung der praktischen Zwecke zu Theil. Die zu Rathe gezogenen Lehrbücher und graphischen Darstellungen klärten uns nicht hinlänglich, namentlich nicht bestimmt genug über die einschlagenden Verhältnisse auf. Der Gedanke an die Resection des Brustbeins und die Anforderungen, welche ein Operateur in dieser Beziehung an seinen anatomischen Führer stellen könnte, scheint den meisten Schriftstellern total fremd zu sein. Selbst Luschka's mit Recht so bekannte, fast in jeder andern Rücksicht wirklich ausgezeichnete Tafeln (die Brustorgane des Menschen in ihrer Lage, Tübingen, 1857) genügten uns bei den genannten Gelegenheiten gleichfalls nicht. Ueberhaupt können wir bei diesem Anlasse die Bemerkung nicht unterdrücken, dass wenigstens wir noch gar keine Darstellung der Topographie des Thorax gefunden haben, in der uns die Lage des Herzens vollkommen richtig und naturgetreu gezeichnet scheint. Jenes anatomische Factum, das dem Laien nicht bloss bekannt, sondern bei ihm sogar zur sprichwörtlichen Redensart geworden ist, dass man das Herz auf der linken Seite habe, scheint, dünkt uns, unwillkürlich die Topographen verführt zu haben, dem Volksglauben mehr Rechnung zu tragen, als ihm gehört. Wir haben den rechten Vorhof noch nirgends so markirt und unzweideutig in der rechten Thoraxhälfte verzeichnet gefunden, wie es in der Natur doch unläugbar der Fall ist.

Nach Alle dem müssten wir für die in Rede stehende, unserer Ansicht nach noch nichts weniger als wissenschaftlich abgeschlossene Region die Wiederaufnahme der Untersuchungen und die Mittheilung der neuen Forschungsresultate höchst willkommen heissen. Wenigstens würden wir uns zur Stunde nur mit jenem Widerwillen, dessen man sich nie entschlagen kann, wenn man die Aufgabe hat, wirklich unklare Verhältnisse Andern klar machen zu sollen, dazu verstehen, die Anatomie der Brusthöhle zu demonstriren. Das heisst: im anatomischen Colleg wäre die Sache so schwierig nicht. Da kann es nämlich keineswegs Aufgabe der Lehrer sein, die Schüler gleich in alle Spinositäten des Details einzuführen, und um denselben ein im Allgemeinen ganz richtiges und naturgemässes Bild von dem Mediastinum zu entwerfen, dafür gibt die Wissenschaft glücklicher Weise ein mehr als genügendes Material an die Hand. Auch in einem theoretischen pathologischen Vortrage dürfte es der Docent recht wohl verantworten, wenn er von der anatomischen Annahme ausgehen wollte, dass der vordere Rand der rechten Lunge dem linken Brustbeinrande entspreche. Nichtsdestoweniger ist diese gäng und gäbe Darstellungsart factisch durchaus unrichtig, wenigstens in hohem Grade ungenau, und wir kämen in Verlegenheit, wenn wir in einem speciellen klinischen Falle vor einem bereits Kritik handhabenden Auditorium bestimmt angeben müssten: so und so läuft der rechte Lungenrand, so und so die beiden Mittelfelle, den und den Winkel (50°—60°) bildet die Längsachse des Herzens mit dem senkrechten Durchmesser der Brust, die und die Grenze (wohl gar keine bestimmte und eigentliche) scheidet den vordern vom hintern Mittelfellraume u. s. f. O, es hat schon der Psalmist nicht ohne guten Grund angedeutet, dass nur Jehovah es ist, der Herz und Nieren gründlich kenne!

Es wäre nun aber eine schreiende Uebertreibung, ja es läge eine eigentliche Undankbarkeit darin, wenn wir unsern Text so forciren und die Sachlage dermaassen trostlos darstellen wollten, als ob die Wissenschaft unserer Tage das in Rede stehende Gebiet ganz und gar brach liegen lasse. Die gegenwärtigen Anatomen dürfen allerdings nicht in Bausch und Bogen verurtheilt werden, und so wie wohl überhaupt auf dem ganzen Gebiete, das menschlicher Forschung aufgethan ist, keine einzige Frage existirt, mit deren Lösung sich nicht irgendwo ein Forscher bemüht, so auch hier. Die Anatomie der Brusthöhle weist gerade in der allerletzten Zeit verschiedene sehr tüchtige Leistungen auf. Allein die Controverse, die sich zwischen den Verfassern der beiden hier hauptsächlich in Betracht kommenden Arbeiten erhoben hat, dürfte die einleuchtendste Begründung unserer vorhin entwickelten Anschauung darbieten. Wo noch mit solcher Heftigkeit debattirt wird, wo noch solche diametral verschiedene Ansichten einander gegenüber gestellt werden können, da scheint allerdings noch volle Aufforderung zu weiterer Prüfung und Untersuchung vorhanden zu sein.

Wir stehen nicht an, die beiden uns vorschwebenden Namen hier vorzuführen, und wenn es auch nur um des Anlasses willen wäre, unsere beschäftigten Praktiker, welche sich nur noch spärlich und kärglich mit anatomischen Studien zu befassen pflegen, auf die trefflichen und allseitiges Interesse beanspruchenden anatomischen Leistungen des Einen aufmerksam zu machen.

Wir haben Luschka bereits oben erwähnt, und stellen

diesen rüstigen Arbeiter nunmehr hier wieder in die erste Linie. Derselbe hat es sich zur nicht hoch genug zu preisenden Aufgabe gemacht, in die mannigfaltigsten, bis anhin stets in einem gewissen nichtssagenden Helldunkel gelassenen Punkte der gröberen Anatomie Licht zu bringen. Gerade bei jener Gelegenheit, die uns schliesslich zu einer Trepanation des Handgriffes des Brustbeins veranlasste, lernten wir die praktische Bedeutung von Luschka's Forschungen über die Halbgelenke des menschlichen Körpers (Berlin 1858) kennen und schätzen. Was den hier zunächst vorliegenden Gegenstand betrifft, so ist die Kenntniss von dem genannten Tübinger Anatomen, abgesehen von jenem Kupferwerke, durch mehrere treffliche Abhandlungen bereichert worden. So: Ueber die Lage des vordern Randes der Lunge. Deutsche Klinik. Nr. 28. 1858. — Die fibriösen Bänder des Herzbeutels. Henle u. Pfeufer's Zeitschrift Band 14. Heft 1 u. 2. Für besonders werthvoll halten wir Luschka's Arbeit über das Endocardium (Virchow's Archiv 1852 p. 171 und Arch. f. phys. Heilkunde 1856 Heft 4). Die Thatsache, welche aus den Untersuchungen Luschka's hervorgeht, dass sämmtliche Herzklappen wie auch die chordae tendineae, welche alle bisher für gefässlos gehalten wurden, Gefässe besitzen, ist von ungemeinem Interesse. In ungesuchtester Weise erklärt sich durch diesen Nachweis die Bildung von den Exsudaten und überhaupt die Entwicklung aller jener mannigfaltigen Veränderungen, welche man so häufig auf dem Endocardium, den Klappen, ja selbst den Sehnenfäden trifft.

Durch seine Schrift: „Das Herz und seine Bewegung. Beiträge zur Anatomie, Physiologie und Pathologie des Herzens, des Herzbeutels und des Brustfells. Prag 1858" reiht sich Hamernik würdig an die Seite des eben Genannten. Durch Geist und Scharfsinn, Stellung und Erfahrung sowie durch bisherige Leistungen wäre Harmernik vor Vielen berufen, die noch streitigen und unaufgeklärten

Punkte in der Lehre vom Herzen zu einem endgültigen Entscheide zu bringen. Leider beeinträchtigt er jedoch den Werth seiner Forschungen durch vorgefasste und hartnäckig festgehaltene Meinungen, durch unhaltbare Schlüsse und Verallgemeinerungen, und erregt endlich öfters unser Befremden durch Behauptungen, zu deren Widerlegung es keineswegs besonders tief gehender anatomischer Kenntnisse und eigens zu dem Zweck unternommener Untersuchungen bedarf, sondern deren Unhaltbarkeit, ja rettungslose Nichtigkeit einem in der menschlichen Anatomie auch nur halbwegs Bewanderten sofort in die Augen springt. Hamernik's streng systematische Eintheilung der Herzlagerung in eine ursprüngliche oder oberflächliche und in eine secundäre oder tiefe halten wir schlechterdings für eine theoretisirende Chimäre, und wenn das Herz ursprünglich in dem Winkel, den die vordere Brustwand mit dem Zwerchfell bildet, eingefalzt liegen soll, so erscheint uns auch diese Behauptung rein unbegreiflich. Wir wissen nicht, ob irgend wo eine so tiefe Lagerung des Herzens beobachtet und als anatomisches Curiosum verzeichnet worden ist. Sollte eine solche Beobachtung wirklich einmal gemacht worden sein, so könnte sie nur die angegebene Bedeutung haben. Neben derartigen Angaben von weniger als zweifelhaftem Werthe finden sich dann wieder wahrhaft glänzende Partieen, welche tiefes Studium, ausnehmend scharfe Beobachtung und seltene Combinationsgabe verrathen. Gleichwohl macht sich der Eindruck der vorhin erwähnten Schattenseiten auf den unbefangenen, aber sich angesichts von zwei so eminenten Forschern keine Entscheidung anmaassenden Leser wenigstens in so weit geltend, dass man in der Controverse, die sich zwischen Luschka und Hamernik entsponnen hat, nicht umhin kann, sich zur Parteinahme für ersteren geneigt zu fühlen.

Wir können dieses Kapitel unmöglich verlassen, ohne auch noch der Resultate zu gedenken, welche die Perkussion zur Ergründung der anatomischen Verhältnisse zu liefern im Stande ist. Es stehen auch diese Percussionsresultate sehr häufig in frappantem Widerspruche zu den Angaben der Lehrbücher. Die Leistung der genannten Methode ist nun freilich niemals rein und scharf. Beobachtungsfehler, der unendlich geringere Grad von Beweiskraft, der unter solchen Verhältnissen den Wahrnehmungen des Gehörsinnes im Vergleich zu denjenigen des Gesichtsinnes zukommt, alle die verwickelten, die Qualität des Resultates mit bedingenden, sich selber aber nur zu oft jedem Nachweise entziehenden physikalischen Verhältnisse lassen nicht daran denken, die Leistungen des Plessimeters als eigentlich maassgebend für die Eruirung der feineren anatomischen Verhältnisse zu betrachten. In hohem Grade interessant ist es jedoch, die an verschiedenen Objecten gewonnenen Percussionsresultate zu vergleichen und sich von den zahllosen individuellen Unterschieden zu überzeugen, die selbst noch innerhalb der Grenzen der vollsten Gesundheit bestehen. Diese Resultate wird man in der geringern Zahl der Fälle übereinstimmend mit den Angaben der Anatomie finden, und ohne die Leistungsfähigkeit jener Forschungsmethode irgendwie zu überschätzen, wird man gleichwohl neben aller nüchterner Unbefangenheit, die man hinsichtlich der Zuverlässigkeit der Ergebnisse der Percussion festhält, nicht umhin können, auch gegen die Zuverlässigkeit der anatomischen Lehren Zweifel zu fassen. Ja, es gibt einzelne Verhältnisse, über welche uns die gewöhnlich so vage und mit den Grenzbestimmungen es nicht so genau nehmende Percussion einen weit genauern und zuverlässigern Aufschluss gegeben hat, als das anatomische Lehrbuch, dessen Angaben auf dem Nachweise durch das Skalpell beruhen. So haben wir z. B. noch in keiner anatomischen Darstellung eine Schilderung von dem Verlaufe des vordern Randes der rechten Lunge gefunden, die uns gründlich befriedigt hätte. Dagegen hat uns die Percussion über diesen Punkt schon längst die gewünschte Aufklärung und zwar in einer hinlänglich allgemeinen Geltung verschafft. Wie ungeschlichtet zur Stunde noch das Verhalten des Mediastinums zur vordern Brustwand, zum Herzen und zu den Lungen ist, welch verhältnissmässig weiten Spielraum die gewöhnlichen anatomischen Darstellungen hinsichtlich des gegenseitigen Verhältnisses von Herz und Lungen gewähren, und endlich welche Fälle von individuellen Verschiedenheiten hier Statt finden, davon überzeugt man sich in sehr in die Augen springender Weise, wenn man sich bei der Perkussion nicht nur die Methode aneignet, das Dreieck, das man als deren Resultat erhält, sofort auf die Brust des Untersuchten zu verzeichnen, sondern wenn man diesen Hülfsgriff gleichzeitig bei einer ganzen Reihe Kranker oder Gesunder anwendet. Man wird auf diese Weise die reichlichste Gelegenheit erhalten, sich über die mannigfaltigen Formen zu verwundern, die herauskommen. Die verschiedenen Schemata sind wohl alle ähnlich. Aber nicht ein einziges Dreieck würde das andere decken. Die Beobachtung dieser Maassregel ist namentlich für die Fälle sehr empfehlenswerth, in denen bei den Untersuchten der Eintritt des Todes in Bälde zu erwarten steht. Da ist es denn ungemein instruktiv, die aussen skizzirte Figur mit der wirklichen Lagerung und den jetzt nicht mehr problematischen Grössenverhältnissen der innern Organe zu vergleichen und sich davon zu überzeugen, wie die durch den Tod veränderten Elasticitätsverhältnisse ein wesentlich verschiedenes Resultat erzeugen. Wir sind übrigens in vielen Fällen schlechterdings nicht im Stande, dieses Resultat zu erklären, so bestimmt wir dasselbe auch von rein physikalischen Verhältnissen abhängig wissen. Gerade so erscheint auch die Art und Weise unerklärlich, in welcher ein an die Stelle des Herzens geschobener, demselben an Grösse möglichst gleichkommender Stein auf das Perkusionsresultat des Thorax zu influenziren vermag. Es haben uns die Erfahrungen aus solchen Experimenten überzeugt, dass ein hypertrophisches und ein fettig degenerirtes Herz, gleiches Volumen vorausgesetzt, gleichwohl verschiedene Perkussionskontouren ergeben werden. Im einen wie im andern Falle wird an der Stelle, die dem Centrum der Herzgegend entspricht, der Perkussionsschall derselbe sein, dagegen gewiss ein hörbar verschiedener längs der Lungenbegränzung. —

Nachschrift. Der Druck unserer Festschrift war bis nahe an diesen Punkt gelangt, als der erste Band des diessjährigen Jahrganges der Prager Vierteljahrschrift uns in seinem ersten Originalaufsatze Bochdalek's Untersuchungen über das Verhalten des Mediastinums zur vordern Brustwand, zu den Lungen, zum Herzen und Herzbeutel u. s. f. brachte. Mit hoher Befriedigung begrüssen wir die ausgezeichnete Arbeit und sehen mit Ungeduld der Fortsetzung entgegen. Wir sehen unsere oben erhobene vorwurfsvolle Klage nunmehr von kompetentester Weise bestätigt, anerkennen übrigens gleichzeitig in einem Gefühl aufrichtiger Beschämung die bevorzugte Stellung desjenigen, der nicht nur zu klagen, sondern den Grund der Klage auch zu heben versteht.

III. Zur Physiologie.

Zur Lehre vom Herzstosse und den Herztönen.

Halla macht am Schlusse seiner Recension des auch von uns erwähnten Hamernik'schen Werkes „das Herz und seine Bewegung" die Bemerkung, dass es von jeher das eigenthümliche Schicksal der Kardiologie gewesen sei, selbst auf physiologischem Gebiete ihre namhaftesten Bereicherungen von wissenschaftlich forschenden Aerzten zu erlangen. Der umsichtige Redaktor der Prager Vierteljahrschrift lässt es hiebei unentschieden, ob er in dem berührten Umstande einen Anlass erblicke, die Kardiologie desshalb zu beglückwünschen, und einen Beweis für ihre hohe Ausbildung; wirklich scheint die Fassung des obigen Gedankens ein Gefühl der Befriedigung zu verrathen. Auch uns hat sich die nämliche Bemerkung schon längst aufgedrängt, wir gestehen aber, dass wir der eigenthümlichen Erscheinung, die Halla sehr richtig konstatirt, nur Veranlassung zu aufrichtigem Bedauern entnommen haben. Gerade der Umstand, dass es vorzugsweise immer nur Aerzte gewesen sind, welche die physiologischen Erscheinungen des Herzens zum Ziel der Forschung gemacht haben, macht uns begreiflich, wie es geschehen konnte, dass in diesem uns mit so nahe liegendem Interesse berührenden Kapitel so viele Fragen theils noch völlig ungelöst sind, theils in einer Weise abgefunden werden, die einen auch nur einigermaassen klaren Denker auch nicht von Weitem zufrieden stellen kann.

Angelegentlich empfehlen wir, eine historische Zusammenstellung der Ansichten zu durchgehen, welche über die Quelle des Herzstosses und der Herztöne geäussert worden sind. Es bieten sich zu diesem Behufe die Arbeiten von Bouillaud und Skoda, von Raciborski und Barth-Roger dar; ganz ohne Vergleich die umfassendste und vorzüglichste ist aber die bekannte Abhandlung von Joseph. Uebrigens bringen fast alle pathologischen Lehrbücher noch fortwährend derartige geschichtliche Ueberblicke, die aber in der Regel an solcher Stelle bloss als antiquarischer Ballast zu taxiren sind; denn es pflegen die einzelnen Ansichten in historischer Reihenfolge ohne alle Kritik aufgeführt zu werden und am Ende wird dann die Ansicht der Verfasser ohne alle physikalische Begründung einfach oktroyirt. Wenn wir aber dazu aufmuntern, eine gründliche Arbeit dieser Art zu durchgehen, so geschieht das wohl aus einem andern Beweggrund, als man vermuthet. Nicht um ein positives Resultat zu gewinnen, sondern bloss um seine Beurtheilungsgabe, sein kritisches Talent, seine klare mathematische Denkkraft zu üben und schärfen, empfehlen wir jenes Studium und bei einem derartigen exercitium spiritus wird man mit leichter Mühe dazu kommen, die Mehrzahl der vorgebrachten Hypothesen als unhaltbar zu erkennen.

Es hat die Erklärung der Herztöne tief in den dreissig Modifikationen erlitten, welche von ebenso vielen Autoren herstammen, die drei Prüfungskomités dabei sogar nur als je 1 Nummer gerechnet. Wenn man die diessfällige lange Namenliste überschaut, so gewahrt man wirklich zu seinem unverholenen Erstaunen, dass sich in der Reihe dieser Forscher nur ein einziger Physiologe von Fach befindet, nämlich Magendie. Nicht nur erscheint uns aber dieser seiner ganzen sonstigen Methode nach als eine nichts weniger als imponirende Autorität, sondern seine hier einschlägigen Untersuchungen kommen überhaupt aus einer Zeit, in der sich die physikalisch-mathematische Methode, also gerade die einzige, welche bei unserm Gegenstande zum Ziele führen kann, noch keineswegs jene Bahn gebrochen hatte, auf welcher für die Physiologie seither bereits so viele reiche Früchte errungen worden sind. So ist denn auch Magendie's Deutung der Herztöne eine höchst unglückliche. Nach ihm kommt der 1. Herzton vom choc de la pointe du coeur contre le thorax, au moment de la systole; der 2. vom choc de la face antérieure du coeur au moment de la diastole. Dagegen erwähnen wir, weil wir doch einmal Magendie speziell hervorgehoben haben, diesem seinem Fehlgriffe gegenüber, mit Vergnügen ein wirkliches und bleibendes Verdienst, das sich derselbe in diesem Gebiete erworben hat. Es hat namentlich Magendie zur Gewissheit erhoben, dass der Herzstoss mit der Systole zusammenfällt*). Zwar ist dieses thatsächliche Verhältniss nachher von verschiedenen Seiten bestritten worden, mit dem grössten Eifer und Talent von Beau. Beau ist aber der befangenste und der am konsequentesten eine Irrbahn verfolgende Forscher von allen, die sich die physikalische Untersuchung der Funktionen der Brustorgane zum Studium gemacht. Ausser Magendie begegnet man keinem Physiologen von Fach in der besprochenen Liste. Es versteht sich zwar, dass man die Herztöne auch in jedem Lehrbuche der Physiologie abgehandelt findet, allein stets geschieht es in mehr kompilatorischer oder kursorischer Weise und ohne dass uns selbstständige Forschungen mitgetheilt würden. Ludwig bespricht den Herzstoss höchst interessant, instruktiv und originell, lei-

---

*) Uebrigens haben bereits Harvey, Sénac und Haller dasselbe gelehrt.

der aber doch nicht einlässlich genug und nicht mit genügender Widerlegung anderer sehr verbreiteter Ansichten. Ueber die Herztöne eilt er schnell hinweg, macht indessen dabei eine Bemerkung, die mehr zur Sache thut als eine jener langen verworrenen Perorationen, mit denen medicinische Schriftsteller so häufig den Kern unseres Gegenstandes verhüllen. Ludwig sagt nämlich, dass sich innerhalb eines Stromes tropfbarer Flüssigkeit, der in steifen Wänden durch unebene Oeffnungen dahin geht, nur sehr schwer Töne erzeugen, und im Herzen somit gar keine andere Möglichkeit des Tönens vorliege, als das plötzliche Zusammenschlagen der arteriellen Klappen. Eigene Untersuchungen hat indessen in dieser Richtung Ludwig nicht angestellt.

Dass weder Ludwig noch sonst ein anderer unter diesen hervorragenden Trägern der physikalisch-physiologischen Schule noch niemals sich den Herzstoss, die Herztöne sowie noch gar mancherlei Fragen aus der Physiologie des Herzens (z. B. ob, wie wir es durchaus für nothwendig halten, der rechte Ventrikel gleich gross ist wie der linke, also die nämliche Quantität Blut fasst) zum speciellen Vorwurf für einlässliche Studien gemacht haben, das ist es, was wir bedauern, daran liegt die Schuld, wesshalb bis anhin auf diesem Gebiete so viel Geschrei und so wenig Wolle. Denn gestehen wir es nur offen, wir praktischen Aerzte sind nicht darnach angethan, solche Untersuchungen zu einem befriedigenden Abschlusse zu führen. Wenigstens hat die Erfahrung diess bewiesen.

Dass ein unklarer und verworrener Denker überhaupt auf keinem wissenschaftlichen Gebiete je zu einem erklecklichen Resultate gelangen, dass Voreingenommenheit und blindes starres Festhalten an einer vielleicht originellen, aber originell absurden Idee, von deren Irrthümlichkeit man sich nicht überzeugen lassen will, selbst bei viel Fleiss und Talent, gleichwohl nur taube Nüsse zu Tage fördern wird, versteht sich von selbst und bedürfte eigentlich keines historischen Beleges. Zu dem ersteren Fall liefert Burdach ein Beispiel, der über die Herztöne eine ebenso einfache als einfältige Erklärung gegeben hat; für den zweiten G.-H.-S. Beau, dessen traité expérimental et clinique d'Auscultation, Paris 1856, wir beinahe von der 1. bis zur letzten Seite für irrig halten, nichtsdestoweniger aber zur Lectüre empfehlen; denn selbst das Studium einer mit Talent vorgetragenen Irrlehre kann für die eigene Intelligenz fördernd und fruchtbringend sein und damit ja zur Erreichung des höchsten Zweckes beitragen, den das Studium sich überhaupt setzen kann. Wir sagen, dass wir von Erscheinungen wie Beau und Burdach ganz absehen wollen; allein selbst wenn wir uns nur an die höchste Aristokratie unserer Kliniker halten, die auf dieser Tenne der ärztlichen Wissenschaft den Dreschflegel geschwungen hat, so werden wir uns überzeugen müssen, dass diese durchlauchtigen Drescher nur spärliche Goldkörner mit unverhältnissmässig viel Stroh aufzuspeichern wussten. Bouillaud ist ein höchst bedeutender Arzt und Kliniker und als Gründer der klinischen Kardiologie hat er sich unvergängliche Verdienste erworben. Seine Forschungen über den Rheumatismus, die Herzhypertrophie, die Endokarditis, überhaupt in der Pathologie des Herzens sichern ihm in den Annalen der Heilkunde eine historische Stellung. Sowie aber seine Studien das Gebiet der Physik berühren, begeht er handgreifliche Irrthümer. Aehnlich Gendrin, der höchst geistvoll und ein ausnehmend scharfer Beobachter ist, gleichwohl weder Physiolog noch Physiker. An Geist, Urtheilskraft, Beobachtungsgabe, überhaupt an der ausgesuchtesten ärztlichen Befähigung überragt aber nach unserm Dafürhalten Skoda alle Nebenbuhler auf der mehrfach von uns erwähnten Liste. Und gleichwohl scheiterte auch dieses eminente Genie an derselben Klippe. Unbedenklich sprechen wir es aus, dass uns z. B. Skoda's Theorie vom Herzstoss vom physikalischen Standpunkte aus so irrthümlich erscheint, dass ein Physiker, der in den Stand gesetzt würde, sie beurtheilen zu können, es kaum der Mühe werth halten dürfte, sie zu widerlegen. Die Verhältnisse, die Skoda für identisch erklärt, sind sicherlich grundmässig verschieden und seine Theorie erscheint uns wie ein wissenschaftliches Bonmot, wie ein Wetterleuchten des Genies, aber als nichts mehr. Es ist einzig und allein aus dem Umstande, dass Skoda's Kritiker nur bloss wieder Aerzte waren, die nicht viel von Physik verstanden und zudem in der Regel nicht mit Skoda's Talente begabt waren, zu erklären, dass diese Theorie so viele blenden, sich so lange halten und so viel Debatten hervorrufen konnte. Kaum geäussert und meinethalben um des geistreichen Einfalls willen beglückwünscht, hätte sie eigentlich auch gleich wieder ad acta gelegt werden sollen. Dergleichen schimmernde Einfälle, die durch einen Anschein wunderbarer Rationalität berücken und für sich einnehmen, finden sich übrigens durch Skoda's ganze Lehre der Percussion und Auscultation zerstreut.

Der Grund dieser auf den ersten Blick befremdenden Erscheinung liegt darin, dass die Kliniker so gut wie die gewöhnlichen praktischen Aerzte ebenso schwache Physiker und Mathematiker, wie ungeübte physiologische Experimentatoren zu sein pflegen. Zwar wären wir sehr geneigt, diesen Vorwurf auf uns Aerzte des Continentes zu beschränken und dagegen unsere englischen Collegen von demselben frei zu sprechen. Unstreitig haben diese eine tüchtigere physiologische Bildung, namentlich mehr Uebung und desshalb auch mehr Geschick im Experimentiren vor uns voraus. Leider müssen wir indessen im vorliegenden Falle jene Beschränkung aufheben und jene Acht auf den gesammten Collegenkreis, die Insulaner inbegriffen, ausdehnen. Die Forschungen der englischen Aerzte auf dem in Rede stehenden Gebiete haben durchaus keine bessern und solidern Resultate zu Stande gebracht, als auf dem Festlande erzielt worden sind. Allerdings mit vielleicht noch grösserem Fleisse, Eifer und reichern Opfern, als auf dem Continente verwendet wurde, haben verschiedene Comités in Dublin und London die beregten Fragen geprüft und auf die mannigfaltigste Weise experimentirt. Gleichwohl ist auch ihre Lösung ungenügend und Arbeiten, wie wir sie z. B. von Kürschner besitzen, kann England auf diesem Gebiete nicht aufweisen.

Wir messen einem umsichtig geleiteten, allen Einflüssen Rechnung tragenden und geschickt ausgeführten Experimente entscheidende Kraft zu und stellen überhaupt die Bedeutung des Experimentes so hoch, dass wir von Baco die neueste Epoche selbst der Medicin herzuleiten geneigt wären, einzig und allein desshalb, weil er der Schöpfer der experimentellen Methode ist. Allein wir wissen, dass ein Experiment, damit es beweiskräftig sei, eines ganz ungemeinen Aufwandes von Mühe und Sorgfalt, von Kritik und manueller Gewandtheit bedarf. Diesen Erfordernissen aber vermögen nur sehr wenige praktische Aerzte zu genügen. Seinem Studiengange und seiner ganzen medicinischen Bildung nach, dann wegen der Ansprüche seines Berufes, aus Mangel an den äussern Hülfsmitteln, kurz aus vielen, zum Theil allerdings auch in ihm selber liegenden Gründen ist der gewöhnliche Arzt selten im Stande, mit Erfolg zu experimentiren. Vor Allem soll er sich, so lange er nicht eine gründliche Schule in der experimentellen Physik und Physiologie durchgemacht, nicht einbilden, durch das eine oder andere Experiment über so verwickelte Probleme entscheiden zu können, wie die Art und Weise der Herzbewegung, die Entstehung der Herztöne u. s. f. Weiss der Himmel, wir wollten uns nicht einmal vermessen, aus einem Experimente, das wir allwöchentlich so und so viel male — Erkundigungen nach genauerer Angabe müssten wir als indiscret bezeichnen — wiederholen, den Schluss zu ziehen, ob das Rasiren mit Seife wirklich besser von Statten gehe als ohne, oder ob das warme Wasser vor dem kalten nachweisbare Vorzüge besitze! Dass aber nicht nur wir, die dii minorum gentium, so zweifelhaften Erfolg beim Experimentiren haben, sondern dass auch die Koryphäen diese menschliche Schwäche und Kurzsichtigkeit theilen, das beweisen die Trümmer jener Bärken, auf denen sich sehr stolze Namen auf dieses klippenreiche Meer hinausgewagt. Damit, dass ein Kliniker behufs eines mündlichen Vortrags oder einer literarischen Besprechung ein paar Kaninchen opfert, vivisecirt, künstliche Athmung unterhält, das Herz reizt und zucken macht u. s. w., ist es nicht gethan, so wenig als man jetzt noch nach der Manier Göthe's die Farben studiren kann. Es gibt so unendlich viele Verhältnisse zu berücksichtigen, zu sorgen, dass in luftleere Räume keine Luft tritt, zu bedenken, dass, wenn wir ein Herz reizen und Zuckungen eintreten, nicht die mindeste Gewähr dafür da ist, dass im natürlichen Verhalten die Zuckungen nun auch gerade so und nicht anders vor sich gehen u. s. f., kurz es ist so unendlich schwierig, ein derartiges Experiment mit Umsicht und Kritik zu leiten, dass die Aufgabe über unsere, von der praktischen Seite unserer Wissenschaft in Anspruch genommenen Kräfte geht. Der geistvollste und scharfsinnigste Kliniker geht irre; denn er hat ein Gebiet betreten, welches nun einmal nicht seine Domäne ist, und wenn bei dem Versuche ein Erfolg von unantastbarer Richtigkeit und daher bleibendem Werthe herauskommen soll, so bedarf es durchaus des Fachmannes, des geübten Physiologen, wohl noch unterstützt von einem Physiker, und eben einen solchen Bund wünschen wir sehnlichst herbei.

Dem constatirten Uebelstande entnehmen wir keineswegs die Veranlassung zu einem Wort des Tadels. Es liegt jener zu sehr in der Natur der Sache, als dass auf unsere ungenügende Leistungsfähigkeit in jener speciellen Richtung ein Vorwurf zu gründen wäre. Non omnia possumus omnes. Gleichwohl findet sich allerdings irgendwo eine faule Stelle, die es verdient, schonungslos an's Licht gezogen zu werden. Als eine solche erkennen wir die Vernachlässigung, mit welcher sich die Mehrzahl der praktischen Aerzte vom Studium der Physik abwendet, ja es sogar unterlässt, deren einfachste und unumstösslichste Gesetze von Zeit zu Zeit in ihrer Erinnerung aufzufrischen. So klar in die Augen springend solche Lehren der Physik eigentlich auch an und für sich sind, so entschwinden sie doch sehr leicht dem Gedächtnisse und haben es, wie die grammatischen Formen einer Sprache, nöthig, in kürzeren oder längeren Intervallen vergegenwärtigt zu werden. Ohne diese Vorsorge läuft man Gefahr, Böcke zu schiessen, die hundertmal schreiender und unverantwortlicher sind, als wenn man ein falsches Genus bildet. Ob z. B. fons männlich oder weiblich ist, beruht auf einem ursprünglichen rein willkürlichen Uebereinkommen. Logik thut da nichts zur Sache und es könnte wohl schwerlich als ein crimen laesae majestatis taxirt werden, wenn es Einem passirte, fons weiblich zu gebrauchen, wie es nun zufällig männlich ist. Ein crimen an der höchsten Majestät dagegen, die ich kenne, ist es, wenn man Wissenschaft treiben will und dabei ewige und unerschütterliche Fundamentalgesetze der Natur ignorirt. Als solche Gesetze können aber gegenwärtig erst die mathematischen und physikalischen Lehrsätze, zur Stunde noch sehr wenige chemische betrachtet werden, und wenn einst eine königliche Laune eines blasirten Bourbons heute m a carrosse! den nächsten Tag m o n carrosse! befehlen konnte, so möchte ähnliches Unterfangen noch in der Chemie angehen, schlechterdings aber nicht in der Physik. Gleichwohl erfreut sich jene unter den praktischen Aerzten einer weit liebevollern Pflege und Aufmerksamkeit, als diese; und während wir uns fast nie bewogen finden, im Pouillet, Monsson oder Eisenlohr nachzulesen, greifen wir jeden Augenblick nach Lehmann oder Schlossberger. Man würde es sich zum himmelschreienden Verbrechen anrechnen, von Leucin und Tyrosin, den Fett- und den Stickstoffsäuren und ähnlichen Sphinxen an der Pforte der Physiologie nichts zu wissen; aber man macht sich nicht das Mindeste daraus, über Herztöne, Perkussionsschall, Temperatur- und Bewegungsverhältnisse die ärgsten Absurditäten zum Besten zu geben. Leider ist bei der gegenwärtig vorherrschenden Richtung des ärztlichen Studiums und bei den obwaltenden Sympathieen darauf zu zählen, dass man einen groben physikalischen Unverstand ohne Einwand passiren lässt, dagegen von allen Seiten Halloh ruft, wenn man sich in irgend einem physiologischen Zersetzungsprodukte versieht, über dessen Bildungsstätte und Bedeutung Alle am Ende gleich viel wissen: nichts. Auch uns fesselt das Feenmährchen der organischen Chemie; auch uns lockt sie wie Armida's Zauberhain, neben dem sich die Physik wie ein reizloser Gemüsegarten ausnimmt! Aber sorgen wir dafür, dass wir dem Bann nicht ganz und gar verfallen und über den transcendentalen Wahrscheinlichkeitsrechnungen der Chemie nicht das Einmaleins der Physik verlernen! —

Wir können die mehrmals erwähnte Liste grösstentheils praktischer Aerzte, die sich mit der Erforschung des Herzstosses und der Herztöne beschäftigt haben, nicht verlassen, ohne noch zwei Namen als von bleibender historischer Bedeutung besonders hervorzuheben. Der erste ist Rouanet. In seiner Thèse de Paris (Nr. 252) hat derselbe zuerst (bei Carswell findet sich indessen vielleicht die erste dahin zielende Vermuthung) die Herztöne für Klappentöne erklärt und diese Behauptung durch geistreiche Experimente und Deduktionen erhärtet. Vom physikalischen Standpunkte aus hätte eigentlich schon lange vor Rouanet diese Erklärung als die einzig mögliche gegeben werden müssen; denn nach den einfachsten Grundsätzen der Akustik ist im Herzen gar keine andere Möglichkeit zur Hervorbringung von Tönen vorhanden, als vermittelst der Klappenspannung. Darin, dass es so lange dauerte, bis die richtige Erklärung gefunden wurde, liegt ein Beweis für unsere frühere Behauptung, wie sehr die Aerzte in der Regel schlechte Physiker sind und wie wenig auf der andern Seite sich die Physiker um das Bedürfniss der Aerzte zu kümmern pflegen. Wäre ein tüchtiger Physiker von einem tüchtigen Arzte in die im Herzen obwaltenden Verhältnisse eingeführt worden, so wäre die Lösung jenes Problems, wohl gleichzeitig noch mit einer Reihe anderer, sicherlich schon ein halbes Jahrhundert früher erfolgt. So verdankt man erst Rouanet eine Belehrung, die fast das Ei des Columbus war. Allein Rouanet hat nicht nur durch einen glücklichen Fund, sondern durch die Feinheit und den Scharfsinn, mit dem er seine Lehre begründete, eine historische Stelle errungen. Ueber seine Theorie du claquement valvulaire (1. bruit: Claquement des valvules auriculo — ventriculaires dans la systole. 2. bruit: Claquement des valvules sigmoïdes dans la diastole) sind wir auch jetzt noch nicht hinausgekommen und die Lehre hat seit ihm nicht die mindeste neue physikalische Bereicherung erhalten, obwohl erst nach Rouanet die grossen englischen und amerikanischen Comités, sowie Bouillaud, Gendrin, Cruveilhier und Skoda kamen und mannigfache Modifikationen versuchten.

Der zweite Name, dem wir uns zu einer speciellen Huldigung verpflichtet fühlen, ist Kürschner, ebenso sehr wegen der bleibenden und unantastbaren Resultate seiner Forschungen (namentlich hinsichtlich des Rhythmus der Herzbewegung), als wegen der Methode, welche er mit der grössten Umsicht und musterhafter Hingebung bei seinen Herzuntersuchungen anwandte.

Kürschner brachte unsere Kenntniss von dem Gange und Rhythmus der Herzkontraktionen wohl nahezu zum Abschlusse. Nur einen einzelnen Punkt erlauben wir uns aus den Kürschner'schen Resultaten als nach unserm Dafürhalten für mehr als zweifelhaft hier noch zur Sprache zu bringen. Kürschner erklärt den ersten Herzton für ein Muskelgeräusch. So sehr sich auch unsere Beobachtungen und Forschungen in keiner Beziehung neben diejenigen Kürschner's stellen dürfen und so sehr wir anerkennen, dass uns nur ein theoretisches Raisonnement zur Begründung unseres Widerspruches zu Gebote steht, so beruht dasselbe doch zu sehr auf unumstösslichen physikalischen Gesetzen, als dass wir nicht vor der Hand mit aller Entschiedenheit an unserer Einrede festhalten. Nach unserm physikalischen Wissen ist uns absolut keine andere Entstehungsweise der Herztöne denkbar, als durch die Klappen. Von allen zur Construktion des Herzens gehörenden und dessen Mechanismus bedingenden Theilen (also natürlich das Blut mit eingeschlossen) scheinen uns einzig und allein die Klappen die Möglichkeit einer Tonerzeugung zu bieten, und wenn die Quelle der Herztöne anderswo liegen soll, so darf man für eine derartige Behauptung den schärfsten experimentellen Beweis verlangen. Diesen ist aber Kürschner, der geistreiche und unverdrossene Experimentator, schuldig geblieben und auch er verfährt in dieser Beziehung raisonirend, muss also um so mehr einen auch bloss theoretischen, allein auf physikalische Thatsachen fussenden Einwurf gelten lassen. Kann uns Kürschner durch Contraktion anderer Muskeln, des Deltoides, der Schenkelmuskeln, die Erzeugung eines Tones nachweisen, der auch nur die entfernteste Aehnlichkeit mit dem Herztone hat?

An diese mehr allgemeinen und historischen Erörterungen schliessen wir noch ein paar sachliche Bemerkungen:

Zum Herzstoss.

Bamberger bemerkt in seinem bekannten Lehrbuche der Herzkrankheiten (Wien 1857): „Der an der Brustwand als mehr oder weniger starke Erschütterung fühlbare normale Herzstoss ist einzig und allein bedingt durch die systolische Erhärtung und Wölbung der Herzspitze. Das Verdienst, diese naturgemässe Ansicht zuerst mit Bestimmtheit aufgestellt zu haben, gebürt dem der Wissenschaft leider zu früh entrissenen Kiwisch." Wenn durch die gesperrte Schrift dieses Ausspruchs etwa angedeutet werden soll, dass derselbe den Werth und die Bedeutung eines geometrischen Lehrsatzes besitze, so legen wir entschiedenen Protest dagegen ein. Leider erfreuen wir uns in der Kardiologie nur erst einer höchst geringen Anzahl von Sätzen, die es, weil von unumstösslicher, mathematisch zu beweisender Wahrheit, beanspruchen dürfen, wie geometrische Lehrsätze hervorgehoben zu werden. Als ein solcher darf wohl die Erklärung des zweiten Tones durch Schluss der Semilunarklappen, die Nothwendigkeit eines genau gleichen Blutquantums im linken und rechten Ventrikel betrachtet werden; nimmermehr aber jene Kiwisch'sche Theorie, obwohl sich ihr zu unserm Befremden so bewährte Kliniker wie Bamberger, Leubuscher und Niemeyer, eben wieder nur ärztliche Praktiker, anschliessen. Wir wollen zugeben, dass sie als ein Votum und zwar als ein geistreiches und auf den ersten Blick einleuchtendes Würdigung verdient, wie so viele andere Meinungen in der Lehre vom Herzen. Nichtsdestoweniger können wir ihr nicht beipflichten; wir halten sie für ebenso irrthümlich, als z. B. die berühmte Gutbrod-Skoda'sche Theorie, deren wir gelegentlich früher gedacht. Letztere verstösst gegen physikalische Grundsätze und fällt dadurch unrettbar zusammen. Gegen die Kiwisch'sche Theorie des Herzstosses lässt sich nicht eine im gleichen Grade vernichtende Argumentation führen und sie vermag sich desshalb als Hypothese aufrecht zu halten. Folgende Gründe erheben wir aber gegen ihre Zulässigkeit: 1) Der Herzstoss ist in der Gegend der Herzspitze fühlbar. An der Herzspitze findet aber gar keine Aufwulstung statt. Jedenfalls müsste, wenn die Anschwellung schon der Herzspitze im Stande wäre, einen solchen Choc hervorzurufen, wie er sich uns als Herzstoss fühlbar macht, die Anschwellung in einer schiefen Linie nach oben zunehmen und ganz ohne Vergleich beträchtlicher sein als in der Gegend der Herzspitze. Uebrigens schwillt die Herzspitze schlechterdings nicht an. 2) Ist unbestreitbar nachgewiesen, dass die Herzspitze sich hebt und an der Brustwand anschlägt, und an dieser Entstehungsweise des Herzstosses durch Lageveränderung der Herzspitze halten wir zur Stunde noch mit aller Ueberzeugung fest. Wir müssen freilich bekennen, dass die Art und Weise, wie die Thatsache dieser Hebung zu Stande kommt, noch unaufgehellt ist und jedenfalls auf einer merkwürdigen ganz specifischen Muskelanordnung beruht.

Zu den Herztönen.

Wir wollen das massenhafte Material, das sich in dieser Doctrin angehäuft hat, nicht vermehren, glauben aber den gegenwärtigen Stand der Frage sowie unsere Ansicht klar und bestimmt darlegen zu sollen. Dass die Herztöne durchaus nur als „claquement" der Klappen aufzufassen, haben wir als das bleibende Verdienst Rouanet's erwähnt. Wann, wie und wo aber dieser Klappenton erzeugt wird, darüber lässt sich noch vielfach debattiren und es gibt noch eine ganze Reihe von Punkten, über welche die Kliniker als erledigte und mit Sicherheit gelöste Fragen hinwegzugehen pflegen, auf welche sie die spitzfindigsten Diagnosen gründen, und welche trotz all dessen zur heutigen Stunde noch höchst schwierige und ungelöste Probleme bilden und dringlichst zu exacten, nicht klinischen, wohl aber physikalischen Forschungen auffordern.

Der zweite Ton wird durch den Schluss der Semilunarklappen der Aorta und Lungenarterie hervorgebracht. Diese Entstehungsweise betrachten wir als sichere Errungenschaft der Physiologie. Haben wir sie ja selber vorhin an Zuverlässigkeit einem geometrischen Lehrsatze gleich gestellt! In solcher Parallelisirung erkennen wir zwar immerhin eine Hyperbel zu Gunsten des physiologischen Satzes; indessen möchte die Frage nach der Ursprungsstätte des zweiten Herztones als gelöst betrachtet werden dürfen.

Leider verhält es sich nicht in gleichem Grade befriedigend mit der Quelle des ersten Herztones. Zwar halten wir auch hier Rouanet's Erklärung fest. Gewiss liegt in den Bi- und Tricuspidalklappen der Bildungsherd des ersten Herztones. Aber die Sache ist bei Weitem nicht so einfach, wie es namentlich die klinische Darstellung darzustellen liebt. Diese erklärt — kurz, aber nicht gut — den ersten Ton durch Schluss der genannten Klappen. Wir können uns aber nicht anders denken, als dass die Schliessung der Mitral- und Tricuspidalklappe nur eines Augenblicks bedarf, ja im erforderlichen Moment so zu sagen im Nu erfolgt und aus physikalischen Gründen erfolgen muss. Der erste Herzton dauert aber während der ganzen Kammersystole, weit länger, als wir die Zeitdauer des Klappenschlusses voraussetzen dürfen. Schon diese zeitliche Ungleichheit erschüttert die Theorie des ersten Herztones gründlich. Dazu kommt dann noch eine Reihe höchst umsichtig vorgenommener Experimente, welche die Möglichkeit einer Entstehung des ersten Herztones bei leerem Herzen, aber bei Fortdauer der Contraktionen beweisen.

Wenn man nun zugeben muss, dass man nur über die Bildung des zweiten Tones zuverlässigen Aufschluss gewonnen hat, dass dagegen über derjenigen des ersten noch viel Dunkel waltet, so frägt es sich, ob es nicht den Boden realer Forschung verlassen heisst, wenn man gleichwohl gerade diesen ersten Ton mit solcher Bestimmtheit zur Grundlage — nicht überhaupt pathologischer Schlussfolgerungen (im Allgemeinen ist man hiezu vollkommen berechtigt), wohl aber zur Grundlage einer haarscharfen Diagnose macht, ja sogar das klinische Interesse hauptsächlich auf ihn concentrirt. Uns scheint, entweder habe dieser erste Ton gerade wegen des vielen Unaufgeklärten, das sich für uns zur Stunde noch an seine Bildung knüpft, gar nicht das Recht, ein solch überwiegendes Interesse für sich zu beanspruchen, oder aber, wenn man ihm dasselbe schenken will, sei es die erste Aufgabe, seine physiologischen Bedingungen zu ergründen, bevor man ihn zu pathologischen Zwecken ausbeutet; indessen — oh, es ist nicht das erste Mal, dass das Herz dem Verstande Tücke gespielt hat!

IV. Zur Pathologie.

Wenn die Physiologie und Pathologie der Leber noch immer so viele Fragen, die sich dem Wissensdurstigen aufdrängen, unbeantwortet lassen, so befremdet das uns nicht. Die organische Chemie ist noch eine zu junge Wissenschaft, die Lehre von der Verdauung liegt noch zu tief in den Windeln, der Forschungsweg ist ein zu schwieriger, das Forschungsziel ein zu verwickeltes und zu verstecktes, als dass die Kärglichkeit unsers Wissens in der genannten Richtung nicht etwas ganz natürliches wäre. Ueber die Galle kann man nicht nachdenken. Weil alle festen Ausgangspunkte fehlen, wird jedes Raisonnement sofort zur Schwindelei. Weder Physik noch Mathematik hilft bei der Erforschung der Leber etwas und aus diesem Grunde zupft auch die experimentelle Methode zur Stunde noch beinahe erfolglos am Zipfel des Schleiers, der das merkwürdige Organ verhüllt.

Beim Herzen verhält sich die Sache weit günstiger. Was die Physik vor der organischen Chemie an Zuverlässigkeit und thatsächlicher Begründung voraus hat, das bildet auch den Vorzug der Lehre vom Herzen vor der Lehre von der Leber. Bei den Functionen des Herzens fällt der chemische Gesichtspunkt fast ganz ausser Acht und die Physiologie des Herzens ist eigentlich nichts als die Uebertragung einiger mathematischer und physikalischer Gesetze auf einen Apparat, der, obwohl der lebendigen Natur angehörig, sich doch beinahe in nichts von demjenigen Apparat der leblosen Natur unterscheidet, dessen Construction und Studium auf jene Gesetze geführt hatte. Bei dieser Bewandtniss erscheinen uns die Räthsel, welche uns trotz alle dem die Beobachtung der Herzthätigkeit noch immer zum Bewusstsein bringt, befremdlicher, als bei der Leber. Bei dieser wissen wir, dass wir das Mährchengebiet betreten, wo das Einmaleins aufhört. Aber ungerne sehen wir in den klaren Tag der Herzlehre noch so viele vermummte Erscheinungen treten.

Ein solches für uns noch unaufgelöstes Verhältniss bildet das Auftreten und Verschwinden des systolischen Blasens. Dieses kommt unendlich häufiger vor, als die Mehrzahl der Aerzte ahnt, und wir können keine Krankheit nennen, in deren Verlaufe wir es nicht auftreten und verschwinden gehört haben. In allen akuten Krankheiten, bei Typhus, Morbus Brightii, Intermittens ist es alltägliche Erscheinung, und wenn in dem einen Falle sein Auftreten gesetzlos erscheint, so scheint es im andern etwas Gesetz- und Regelmässiges zu haben, ja wir stehen keinen Augenblick an, es für das Intermittens gerade so gut als pathognomisches Symptom zu erklären, wie z. B. die vergrösserte Milz. Denn das systolische Blasen, das immer den Eintritt des Froststadiums begleitet, gehört schlechterdings mit zum Krankheitsbilde des Wechselfiebers. Dieses Gehen und Kommen des systolischen Blasens ist im höchsten Grade merkwürdig. Es lässt sich oft so prägnant und distinkt hören, wie nur je beim ausgeprägtesten und konsolidirtesten Klappenleiden, und dann ist es auf einmal selber wieder wie weggeblasen. Die oft bedeutenden Klappenveränderungen, welche sich in der Leiche alter Leute vorfinden, geben sich während des Lebens selten durch systolisches Blasen zu erkennen. Die Auskultation ergibt einen schwachen matten unbestimmten ersten Herzton, allein ohne Begleit von jenem Blasen, das sich oft so frappant hören lässt, und welchem gleichwohl doch unmöglich eine wirkliche Klappendegeneration zu Grunde liegen kann; denn von heut auf morgen ist das Blasen völlig verschwunden und eine ebenso rasch erfolgende Hebung des Klappenleidens ist nicht denkbar. Wir weisen diesem systolischen Blasen in der Semiotik einen ähnlichen Platz an, wie dem gelegentlichen Vorkommen von Eiweiss im Urin. Für sich allein betrachtet, berechtigt weder das Eine noch das Andere zu einer Diagnose, lässt an und für sich weder auf ein bestimmtes Herz- oder Nierenleiden schliessen.

Nach dem, was wir in den Beiträgen zur Physiologie bemerkt, können wir den Grund dieses Blasens in nichts anderem als in den Klappen suchen; denn nur diese bieten uns die physikalischen Bedingungen eines Tones. Der Gedanke, in einer veränderten Blutbeschaffenheit, modificirter Concentration, verringertem Fettgehalte und dadurch vergrösserter Reibung, das ursächliche Moment zu suchen, hält schwerlich eine genauere Prüfung aus. Abgesehen davon, dass wir in dem Blute selber absolut nicht die Bedingung des Tönens suchen dürfen, so können wir doch nicht wohl voraussetzen, dass die Blutbeschaffenheit so schnell wieder anders werden kann. Diese Annahme wäre aber nothwendig, wenn man aus diesem Verhältnisse das Kommen und Gehen des systolischen Blasens erklären wollte. Um in dieser Beziehung auch selber einen Schritt zur Erklärung zu versuchen, machten wir uns schon einige Male in einem Zeitpunkte vollkommenen Wohlseins starke Aderlässe (20, 25, 30 unc.) und liessen nachher unser Herz genau auskultiren. Es machte sich keine Spur von systolischem Blasen bemerklich. (Uebrigens haben diese Experimente überhaupt dazu gedient, bei uns die Ueberzeugung von der Ueberschätzung des eingreifenden Einflusses zu befestigen, der einer Venäsektion zugeschrieben zu werden pflegt. Nach jenen Venäsektionen beobachteten wir uns auf's Allergenaueste, könnten indessen kein einziges

Symptom nennen, das als anomal uns auf Rechnung des erlittenen Blutverlustes zu fallen schien. Wir meinten bei Tische einen besonderen Appetit zu entwickeln. Indessen wenn man bedenkt, wie man unter gewöhnlichen Verhältnissen den einen Tag mit weniger, den andern Tag mit mehr Appetit zu Tisch geht, so besitzt jenes Zeichen keine Beweiskraft. Vielleicht bloss durch das genaue Beobachten, Untersuchen und Sichbeschäftigen mit seinem Leibe wurde der Appetit geschärft. Nach Tische machten wir einen Spaziergang, um zu erforschen, ob etwa die Muskelkraft gelitten; auch das ohne Resultat. Unbedenklich sprechen wir die Ueberzeugung aus, dass uns hinsichtlich der Bedeutung, die ein Aderlass haben soll, nach beiden Richtungen gefehlt zu werden scheint. Derselbe hat weder den wohlthätigen, noch auch den verderblichen Einfluss, der ihm zugeschrieben wird, hat überhaupt nur in Fällen offenbarer absurder Uebertreibung (aber auch deren Gränzen sind viel weiter gesteckt, als gewöhnlich angenommen wird) einen eingreifenden und ein physiologisches oder pathologisches Resultat, das ohne Aderlass so oder so ausgefallen wäre, wirklich abändernden Einfluss. Unser Organismus scheint in der That so eingerichtet zu sein, dass er 20—30 Unzen Blut und nach einigen Tagen wieder 20—30 Unzen verlieren kann, ohne dass er von diesem Verlust afficirt wird und sich dadurch in seinen physiologischen und pathologischen Prozessen stören lässt. Der Streit, ob man hätte zu Ader lassen sollen oder nicht, die Vorwürfe der einen Partei, dass die andere es in diesem Falle gethan, der Tadel dieser Partei, dass jene es dort unterlassen, scheinen uns im höchsten Grade eitel. Es ist vollkommen gleichgültig, ob man es gethan oder unterlassen hat. Auf das Resultat des Todes oder der Genesung ist dadurch nicht im Geringsten influenzirt worden, und es ist nichts als Verblendung menschlicher Eitelkeit, in Betreff des Aderlasses von einer Begehungs- und einer Unterlassungssünde zu sprechen. Sowenig, als sich die Natur durch ein paar Gläser Thee, die wir in den Leib des Patienten giessen, in ihrem Thun und Treiben aufhalten und modificiren lässt, ebensowenig durch ein paar Gläser Blut, die wir ihm fortnehmen. Ganz unabhängig von unserer verständnisslosen Einmischung führt sie das Resultat herbei, das eben die nothwendige Folge bestehender Verhältnisse ist.)

Um dieses merkwürdige Auftreten und Verschwinden des systolischen Blasens zu erklären, bleibt uns zur Zeit als einziger Anhaltspunkt die Annahme übrig, es beruhe dasselbe auf einer plötzlich eintretenden Modification der Innervation, wodurch ein ungleicheres, vielleicht etwas zu langsames oder zu schnelles oder zu strammes Spannen der tonerzeugenden Membranen bewirkt wird. Bei einer acuten Krankheit sehen wir so viele feinere Nervensymptome auf- und abgehen, wesshalb sollten nicht auch die Nerven des Herzens dem Einflusse der irgend wo im Körper waltenden Krankheitsprozesse bald mehr bald weniger unterliegen, Kontraktionen hervorrufen, die den Klappenschluss und damit die Herztöne so oder so verändern? Gewiss hat das systolische Blasen seine Quelle bisweilen wirklich in einer Veränderung der chemischen Beschaffenheit des Blutes. Aber erst durch Vermittlung der Nerven entsteht das abnorme Geräusch. Das abnorme Blut afficirt die Nerven abnorm und nun spannt sich die Klappe nicht mehr normal. Auf entsprechenden Verhältnissen beruht auch das Wegfallen des einen oder andern Tones. Bekanntlich hat Traube für letztere Fälle eine höchst feine und geistreiche Erklärung gegeben. Unstreitig mag es sich öfter so verhalten, wie Traube angibt. Ebenso gewiss ist aber, dass da mancherlei Verhältnisse obwalten können, an die wir nicht denken, die vielleicht gar nicht zu erschöpfen sind. Wie oft entsteht, wenn wir in ein Blasinstrument blasen oder mit dem Violinbogen über eine Saite fahren, kein Ton. Wiederholen wir den Versuch, so klingt's. Wesshalb? Unläugbar aus ganz bestimmten physikalischen Gründen, die aber gleichwohl in der Mehrzahl der Fälle zu komplicirt sind, als dass wir im Stande wären, den eigentlichen Hergang nachzuweisen. —

Noch unaufgeklärt ist ferner für uns die Thatsache, dass sich der Längsdurchmesser des Herzens bisweilen schnell ändert. Der Breitedurchmesser möchte wohl konstant bleiben; jedoch der Längsdurchmesser zeigt oft in überraschend kurzer Zeit eine nachweisbare Vergrösserung und reducirt sich dann wieder ebenso schnell auf die ursprüngliche Dimension. Er zeigt ein ähnliches Verhalten wie das eben erwähnte systolische Blasen, ohne dass übrigens zwischen beiden eine Beziehung besteht. Der Grund dieser befremdenden Erscheinung kann in nichts Anderem als in den Lagerungs- und Befestigungsverhältnissen des Herzens und der grossen Gefässe liegen. Für uns ist die gegenwärtig noch von mehreren Seiten bestrittene Möglichkeit einer Locomotion des Herzens über jeden Zweifel erhaben. —

In ihren physikalischen Bedingungen noch durchaus unaufgeklärt scheint uns weiterhin die Intermission des Herzschlages und des Pulses, theils bei wirklichen pathologischen Zuständen, in denen das berührte Aussetzen auftritt, verschwindet und in ein paar Tagen von Neuem wahrzunehmen ist, theils bei vollkommen normalem Verhalten des übrigen Körpers. Es gibt Personen, welche ihr ganzes Leben hindurch einen intermittirenden Puls haben, ohne sonst irgendwie Zeichen bestehender Herzleiden zu verrathen. In Fällen solcher Art ist man geneigt, in der elastischen Arterienhaut einen Fehler der ersten Bildung anzunehmen. Im Allgemeinen aber lässt das Charakteristische dieser Erscheinung, eben das Intermittirende und die Periodicität, ihren Ursprung wohl in nichts Anderem als in den Nerven suchen, mögen nun hinwiederum diese durch diesen oder jenen anderweitigen pathologischen Prozess zur intermittirenden Funktion veranlasst werden.

Wie schnell systolisches Blasen, Aussetzen des Pulses und noch manche andere Abnormitäten in der Funktion des Herzens auftreten und wieder verschwinden können, hat man reichlich Gelegenheit zu beobachten, wenn man zu folgendem durch den Zweck geheiligtem Mittel greift. Man tritt mit einem harten Tone des Vorwurfes und irgend welcher fingirten Beschuldigung in einen vollen Krankensaal und während sich dessen Insassen in sprachloser Bestürzung zu fassen suchen, auskultire man der Reihe nach den einen nach dem andern. Fast bei jedem findet man ein verschiedenes Resultat, das, schlechterdings nur auf neurologischer Grundlage beruhend, beweist, wie sich aus dieser Quelle die mannigfachsten Funktionsabnormitäten des Herzens entwickeln können. Namentlich wenn einige der Patienten überhaupt diese Untersuchungsweise noch nicht kennen, gerade sie zuerst zu schuldlosen Opfern ausersehen werden und das Mordgewehr auf ihre Brust gerichtet wird, nimmt man die merkwürdigsten Varietäten wahr. Man empfängt oft ordentlich den Eindruck, als ob man die Herzmuskeln in ihren spiralförmigen Kontraktionen nicht bloss belauschen, sondern letztere fühlen und verfolgen könne. Wir haben unser Auge, unsere Stimme, noch überhaupt unser Auftreten noch nie für so imponirend gehalten, um darauf den Repositionsversuch einer Luxation durch Einschüchterung à la Dupuytren zu gründen; — allein um die Herzhaftigkeit seiner Kranken auf die Probe eines systolischen Blasens oder einer Pulsintermission zu setzen, sollte die moralische Autorität doch wohl jedes Arztes ausreichen. —

Die Prognose bei Klappenfehlern erscheint uns als eine besonders heikle Sache. Es versteht sich ohne unsere Zustimmung, dass sie überaus ungünstig, ja in so weit als lethal zu bezeichnen ist, als der mit einem Leiden dieser

Art Behaftete früher oder später an demselben zu Grunde geht. Ueber den Zeitpunkt aber dieses tödtlichen Ausganges lässt sich niemals etwas sagen und der Arzt kann die so häufig an ihn gestellte Zumuthung, sich über diesen Punkt zu erklären, nicht fest und bestimmt genug von der Hand weisen. Abgesehen von den Fällen, in denen die Klappenveränderung nur Folge des Alters ist, erliegen aber auch Personen, deren Klappenleiden von exsudativen pathologischen Prozessen stammen, oft sehr lange nicht den dadurch erzeugten Cirkulationsstörungen. Es herrscht hier eine merkwürdige Ungleichheit, welche sich theils aus den allgemeinen Körper-, Charakter- und Lebensverhältnissen der Klappenkranken erklären und begreifen lassen, theils aber auf physikalischen Umständen beruhen, die sich aller Beobachtung und Würdigung entziehen. Wie hier ein altes Pumpwerk noch immer Wasser zur Stelle schafft, obwohl über seine Lotterigkeit gar kein Zweifel bestehen kann, und dagegen dort ein anderes und neueres, dessen Mechanismns uns nicht halbwegs so gestört scheint, sofort keinen Tropfen mehr gibt, gerade so verhält es sich beim Herzen. Beim ersteren Brunnen mag sich das Uebel über die ganze Maschine verbreiten und sie wackelig machen, allein gerade den Punkt, auf den es bei einer Pumpe vor Allem ankommt, verhältnissmässig noch schonen. So vermag sie noch fortzufunktioniren, während bei dem andern Brunnen die Störung das Ventil in einer Weise und an einem, vielleicht beschränkten Punkte getroffen hat, dass dadurch die Dienstfähigkeit in Bälde total aufgehoben wird. In welcher Weise aber eine Herzklappe afficirt worden ist, darüber lässt sich absolut nichts sagen und desshalb soll man sich auch absolut nicht unterfangen, bestimmen zu wollen, wie lang das Ventil noch seinen Dienst thun werde. Bei einer Lungenschwindsucht kann man doch wenigstens das Umsichgreifen der tuberkulösen Infiltration, die Bildung und Vergrösserung der

Cavernen verfolgen und daraus einigermaassen einen Anhaltspunkt gewinnen; ein solcher ist aber bei einem Klappenleiden ganz und gar unmöglich.

Nicht eindringlich genug kann man aber auf den Unterschied aufmerksam machen, der hinsichtlich der Prognose zwischen Klappenfehlern der Aorta und der Mitralis besteht. Nicht nur ist überhaupt der Zustand eines Patienten, der an Insufficienz oder Stenose der Aortenklappen leidet, ein ungleich weniger peinlicher und qualvoller, als bei einem Mitralpatienten, ja er kann sich sogar noch eines behaglichen Zustandes und in einem Grade noch seines Lebens freuen, wie es bei einem Mitralleiden kaum je vorkommen wird; sondern es darf caeteris paribus die Prognose den Eintritt des auch hier unausbleiblichen tödtlichen Endes der Krankheit bedeutend später stellen; nicht aus therapeutischer, so doch aus prognostischer Rücksicht ist die bestimmte Diagnostik von Mitral- und Aortenklappeninsufficienz von unläugbarer Bedeutung. —

Es ist uns auffallend, wie selbst die neuesten Bearbeitungen der Herzkrankheiten so flüchtig über den Herzkrebs weggehen. Wir erkennen darin eine eigentliche Lücke und glauben, dass für die klinische wie die pathologisch-anatomische Bearbeitung dieses Kapitels noch ein reiches Feld der Beobachtung und der Forschung offen steht, ein Feld, das nicht verdient, bloss mit ein paar Gemeinplätzen, noch weniger mit Stillschweigen abgefertigt zu werden. Wir selbst haben zwei hierher gehörige Fälle beobachtet. Der eine bot ein krebsiges Geschwür, der andere eine Melanose des linken Ventrikels. Wir würden diesen zweiten zur Mittheilung gewählt haben, hätte uns nicht der Umstand davon abgehalten, dass er aus einer sehr frühen Zeit unsers medicinischen Studiums, namentlich aus einer Zeit stammt, in der wir uns in mikroskopischen Befunden kein maassgebendes Urtheil zutrauen konnten. So halten wir uns denn an den einfachern erst erwähnten. Da aber vorliegende Beiträge nur den Zweck haben sollen, mir als medicinische Blüthen zu dienen, die ich einem Vereine lieber Freunde an seinem heutigen Jubelfeste vor die Füsse streue, so freut es mich, noch eine andere hochverehrte Hand zur Mithülfe und Mitfeier gewonnen zu haben. Uebrigens scheint mir die Mittheilung des zweiten Falles auch in rein wissenschaftlicher Beziehung noch die Bedeutung zu besitzen, dass er darauf aufmerksam macht, wie denn doch Fälle von Herzkrebsen nicht so ausserordentlich selten sind, sondern in sehr nahe gelegenen Beobachtungskreisen beinahe zu gleicher Zeit vorkommen können.

1) H. H. von S., Tagelöhner, 47 Jahre alt. Bei seiner Aufnahme in dem Spital im höchsten Grade erschöpft und sichtlich schon in der nächsten Zeit dem Tode verfallen. Allgemeines Oedem. Mässiger Grad von Ascites. Auffallend fahlgrüne Färbung nicht bloss des Gesichtes, sondern der ganzen Körperoberfläche. Wangen, Nase und Mund stark cyanotisch, während an andern Stellen, z. B. der Stirn strichweise eine helle rosenrothe Färbung, Wirkung des Oedems. Intelligenz: ungetrübt. Sensorium: klar. Respirationsorgane: grosse Beengung, quälender Husten, wässriger Auswurf. Ausnehmend sonorer, an einigen Stellen tympanitisch klingender Perkussionston. Scharfes vesiculäres Athmen mit mannigfachen Rasselgeräuschen. Cirkulationsorgane: Perkussion im Breitedurchmesser des Herzens in abnormer Ausdehnung gedämpft. Herzstoss schwach. Systolisches Blasen. Der zweite Ton der Pulmonalarterie verstärkt. Puls schwach, zeitweilig intermittirend, desshalb und wegen der ödematösen Anschwellung der Arme schwer zu zählen. Abdomen: auf Druck nirgends Schmerz. Keine Geschwulst wahrnehmbar. Urin eiweisshaltig (mikroskopisch nicht untersucht). Diagnose: Bright'sche Nierendegeneration mit Insufficienz der Mitralis, Hypertrophie, Lungenödem u. s. f. Sektion: die Nieren vollkommen normal. Auch sonst im Abdomen (Leber, Pylorus wurde nachträg-

lich noch genau untersucht) nirgends ein Depot eines pathologischen Prozesses. Wie vorauszusehen, wirklich Lungenödem, Hypertrophie mit Dilatation des rechten Ventrikels vorhanden. Dagegen keine Insuffizienz der Mitralis. Soweit man das bei einer Sektion ohne genauere Experimente zu beurtheilen vermag, schien mir die Klappe in jeder Beziehung gesund. Dagegen befand sich gegen die Spitze des Ventrikels und zwischen einzelnen Trabekeln verlaufend ein Geschwür, dessen Grösse bei der wegen seiner Ausläufer unregelmässigen Gestalt nicht gut zu bestimmen. Die Mitte betrug etwa ein Fünfrappenstück. Wulstige weissgraue härtliche Ränder. Wenn man nun in die Herzsubstanz einschnitt, so schied sich die weisse, 3''' tief infiltrirte Basis des Geschwürs auffallend von der rothen normalen Herzsubstanz. Auch die Consistenz war eine weit beträchtlichere und es konnte überhaupt kein Zweifel darüber bestehen, dass man das Produkt, welches man ungewöhnlicher Weise hier im Herzen vor sich sah, ohne Bedenken für krebsiger Natur, für eine scirrhöse Infiltration halten und neben einen Scirrhus des Pylorus oder des Uterus stellen müsse.

2) Unser verehrter Kollege, Seenachbar und Freund, Herr Dr. Heimpel in Lindau, hatte die Güte, uns folgende Mittheilung über einen von ihm beobachteten Fall zu machen:

Derselbe betraf eine Frau von 56 Jahren, Mutter von 6 Kindern, welche früher sehr kräftig gewesen war, seit den letzten 10 Jahren vielfach an Verdauungsbeschwerden gelitten hatte, und auch 2 mal in dieser Zeit ikterisch gewesen war. Als ich dieselbe, einige Wochen vor ihrem Tode, von dem durch Krankheit verhinderten Kgl. Gerichtsarzte Hr. Dr. Müller übernahm, war dieselbe zu einem mumienartigen Skelette zusammengeschrumpft, und so schwach, dass sie ohne Hülfe sich nicht im Bette umdrehen konnte. Seit einem halben Jahre war fast Alles Genossene wieder erbrochen worden, und die Patientin klagte über Schmerzen in der Magengrube und Lebergegend. — Die 36 Stunden nach dem Tode vorgenommene Sektion ergab folgendes Resultat:

Am Magen, vom Pylorus ausgehend, eine mannsfaustgrosse Krebsgeschwulst, welche sowohl mit dem sehr vergrösserten Pankreas, als auch mit dem Duodenum dergestalt verwachsen war, dass sie nur mit dem Messer getrennt werden konnte. Das Lumen des Pylorus nicht vollständig verschlossen, aber doch sehr verengt, die Magenschleimhaut stellenweise erodirt. — In der an Umfang normalen Leber waren mehrere Krebsheerde von Wallnuss- bis Gänseeigrösse von sogenanntem Medullarkrebs, während das übrige Gewebe das Aussehen der sogenannten Muskatnussleber zeigte. In der Gallenblase ein Gallenstein von der Grösse einer kleinen Dattel. Die Milz etwas vergrössert und das Gewebe, mürbe. Nieren normal; Uterus und Ovarien keine Spur der Krebsdyskrasie zeigend. In der Brusthöhle erwartete ich nicht, auffallende pathologische Veränderungen zu finden, und war daher nicht wenig erstaunt nach Herausnahme des Herzens und Eröffnung des linken Ventrikels einen Krebsknoten zu entdecken, welcher von der tiefsten Stelle des Ventrikels aus der Substanz des Herzens herauswuchernd frei in die Herzhöhle hineinragte und den Umfang einer gewöhnlichen Nuss hatte.

Die Seltenheit des Befundes bewog mich das Präparat mitzunehmen, um es Herrn Dr. Müller zu zeigen, in dessen Gegenwart ich dann erst die Krebsmasse genauer untersuchte, wobei es sich zeigte, dass dasselbe auch von medullärer Beschaffenheit war, soweit sich dieses überhaupt aus dem blossen äussern Ansehen, ohne Hülfe des Mikroskopes beurtheilen liess. — An den Herzklappen fanden wir keine Veränderung. — Da sich im Leben keine Störungen im Kreislaufe bemerkbar gemacht hatten, so war keine Auskultation des Herzens vorgenommen worden; auch hätte eine solche über den vorhandenen Krebsknoten wahrscheinlich keinen Aufschluss gegeben, da die Herzhöhle durch denselben nur unbedeutend verkleinert war.

V. Zur Therapie.

> Ein Prophet, der Träume hat, der
> predige Träume, wer aber mein Wort
> hat, der predige mein Wort recht.
> Jerem. 23, 28.

Bekanntlich ist die teleologische Methode auf dem Gebiete der ächten Naturforschung als geächtet zu betrachten. Einzelnen Kundgebungen derselben begegnet man zwar häufig genug in den literarischen Bearbeitungen jedes Zweiges der Natur; man pflegt ihnen aber nicht einmal mehr mit Kritik, sondern, fast möchten wir sagen, nur mit einem mitleidigen Lächeln zu begegnen. Nun hätte die teleologische Forschungs- und Erklärungsweise an und für sich ihre volle, ja höchste Berechtigung, und der Grund, wesshalb sie so apodiktisch mit Acht und Bann belegt werden muss, liegt einzig und allein in dem geringen Maasse des menschlichen Vermögens. Unsere geistige Fähigkeit genügt nun einmal nicht, die Zwecke, welche die Schöpfung bei ihren Einrichtungen verfolgt, zu ergründen und zu verstehen. Für dieses höchste Ziel der Naturforschung sind wir zu einfältig. Alle nichtsdestoweniger unternommenen Versuche sind daher nichts weiter als Spielereien, ihre Resultate der überwiegenden Mehrzahl nach Lappalien und Absurditäten; seltener sind sie wirklich sinnig und geistreich, gehören aber selbst dann immer nur in das Gebiet des Kladderadatsch, in dasjenige des höheren Blödsinnes. Wie wir über den blinden Eifer, die Grimassen und das schliesslich nie ausbleibende Herunterpurzeln eines Kindes lachen, das einen Baum zu erklettern sich abmüht, dessen Erklimmung dem physischen Vermögen der jungen Kräfte unmöglich, ebenso harmlos, aber ebenso herzlich lachen wir über teleologische Velleitäten, welche nach einem Gipfel streben, dessen Erreichung dem intellectuellen Vermögen des Menschen unmöglich. Mit Mühe nur und mit grosser Selbstüberwindung entäussert sich dieser des an und für sich so respektabeln, von der Natur ihm beinahe zum Hohne eingepflanzten Triebes, nach dem innern Zusammenhange der Dinge zu forschen, und wenn sich der Naturforscher auch dazu versteht, die teleologische Methode als solche für unräthlich und unhaltbar zu erklären, so wurzelt dieselbe doch zu tief in seinem Fleisch und Blut, um nicht noch fortwährend in den mannigfachsten Vermummungen ihren Spuk zu treiben. Wir haben ihr hier nur auf dem medicinischen Gebiete nachzuspüren, lassen sie aber für heute auch in der Physiologie und der Pathologie ihre Streiche spielen und suchen sie auf dem Felde der Therapie noch für einige Augenblicke zum Stehen zu bringen.

Es versteht sich, dass sie sich auch hier keineswegs mehr in voller und entschiedener Form breit machen darf. Aber noch lauert sie aus Busch und Hecke hervor und noch ist es niemals gelungen, den Kobold völlig und bleibend wegzubannen. Als solche Aeusserungen des teleologischen Dämons betrachten wir gar mancherlei therapeutische Empfehlungen, welche mit der Prätension logischer Begründung auftreten, durch einen Schimmer von Rationalität für sich einnehmen und denjenigen, der ihnen folgt, mit dem erhebenden und schmeichelhaften Bewusstsein zu erfüllen wissen, er handle hier, weiss Gott! wie klug und weise, wenigstens da tappe er nun einmal nicht im Nebel und Dunkel, wie sonst, sondern es sei ihm vergönnt, seine therapeutischen Maassregeln nach allen Regeln des gesunden Menschenverstandes zu wählen. Man sieht, es ist hier nicht von der teleologischen Methode im engern Sinne die Rede. Dieselbe hoffen wir, wie erwähnt, als beseitigt betrachten zu dürfen. Allein die psychische Eigenthümlichkeit, welcher die Teleologie ihren Ursprung verdankte und welche als angeborne menschliche Eigenschaft so gut fortdauert, wie z. B. der Aberglaube, diesen Zug unserer Seele, welche sich eben fortwährend mehr zutraut, als sie zu leisten vermag, theilt die Erscheinung, welche wir auf dem Gebiete der Therapie besprechen wollen, mit jener verpönten wissenschaftlichen Methode: beide stammen aus derselben Quelle, aus der Sucht, sich die Naturerscheinungen erklären zu wollen, und aus der Genügsamkeit, mit der man sich auch mit den oberflächlichsten Resultaten zufrieden gibt und den Stein der Weisen gefunden zu haben sich schmeichelt, wenn einem ein bunter Kiesel in die Hand gekommen. Um diese mit unendlich viel Wahn und Selbsttäuschung verbundene Richtung der Therapie nachzuweisen, eignet sich die Therapie der Herzkrankheiten am besten. Da die Funktion dieses Organes in Bevorzugung vor derjenigen aller andern (mit Ausnahme der Gelenke) auf mathematisch-physikalischer Grundlage beruht und der Arzt hier eine Anschauung gewonnen hat, die ihm überall sonst abgeht, so hat sich die Therapie diese ungewöhnlich günstigen Verhältnisse zu Nutze gemacht und auf die Resultate der physiologischen Forschung Vorschläge gegründet, die von nur zu vielen Seiten als ebenso einleuchtend und rationell betrachtet werden, als die Demonstration des Kreislaufes. Nicht nur bildet man sich ein, man verfahre nach allen Regeln der Logik und auf einer physikalischen, vollständig sichern Grundlage, wenn man gegen die Herzkrankheiten mit den sogleich aufzuführenden Maassregeln zu Felde zieht, sondern man bildet sich dabei erst noch auf die Höhe seines therapeutischen Standpunktes ganz ungemein viel ein*). Sehen wir uns nunmehr das empfohlene Heilverfahren einmal genauer an und prüfen wir, wie es mit seinen Ansprüchen auf rationelle Begründung stehe!

1) Der Aderlass. Wir reden hier nicht von dem ein- oder zweimaligen Aderlasse, mit welchem man in akuten Herzkrankheiten die therapeutische Campagne zu eröffnen pflegt. Es ist diess ein überaus heikler und der zuverlässigen Entscheidung noch fern liegender Punkt. Der Grund, wesshalb die reelle und heilkräftige Bedeutung des Aderlasses in der Endocarditis zur Zeit immer noch Gegenstand der Debatte ist, scheint uns darin zu liegen, dass ein ein- oder zweimaliger Aderlass gar keine wesentliche Wirkung hat, ein im Ganzen indifferentes Versuchsmanöver bildet, wenigstens vom Menschen in einer Weise ertragen wird, welche sich keineswegs durch hervorstechende, auf Rechnung der Venäsektion fallende Symptome äussert. Wir haben uns zu wiederholten Malen an unserer eigenen Person überzeugt, dass ein gesundes Individuum einen Verlust von 15—25 Unzen Blut erträgt, nicht nur ohne alle Benachtheiligung im Gange seines organischen Haushaltes, sondern sogar ohne jedes sichtbare Symptom von irgendwie wesentlicher Bedeutung. Indem sich nun für uns dieser geringe Einfluss, den ein Aderlass unter normalen Verhältnissen auf die menschliche Organisation äussert, auf dem experimentellen Wege zur Gewissheit erhoben hat, widerstrebt es uns, dessen Einfluss bei anormalen Zuständen nun auf einmal gar hoch anzuschlagen und ihn hier Kräfte und Wirkungen entfalten zu lassen, von denen man

---

*) Gewiss finden auf solche — freilich gut und ehrlich gemeinte — Schwindeleien im Gebiete der Therapie die beiden Motto, die wir an die Spitze unserer Festschrift gestellt, volle Anwendung. Noch lieber wollten wir sie übrigens dem Kapitel über die Diagnostik der Herzkrankheiten vorgestellt wissen.

im gesunden Zustande nicht das Mindeste wahrnimmt. Die Digitalis übt auch auf den Gesunden ihre volle charakteristische Wirkung und in der dadurch erlangten Gewissheit reicht sie der Arzt auch mit solcher Zuversicht dem Kranken. Nun ist natürlich nicht nur die Möglichkeit, sondern die wirkliche Existenz von Fällen zuzugeben, dass ein Heilmittel, welches bei gesundem Verhalten keine Thätigkeit zu äussern scheint, unter andern Verhältnissen unzweifelhafte Folgen nach sich zieht. Bei einem Gesunden kann Chinin allerdings kein Intermittens heilen, und wenn man mit dieser Substanz nur bei Gesunden experimentiren wollte, wäre man vielleicht ebenfalls geneigt, sie für indifferent zu erklären. Vor der Hand bleibt aber der Satz immerhin gesichert, dass wirklich eingreifende und umstimmende, physiologische Wirkungen erzeugende Substanzen oder Heilmethoden dieses ihr Vermögen auch im gesunden Organismus äussern, und zu diesen ist nun einmal ein einzelner Aderlass mit Bestimmtheit nicht zu rechnen. Leider gewährt, um über die Heilkraft des Aderlasses bei Herzentzündungen in's Reine zu kommen, das subjektive Gefühl des Venäsecirten nur sehr schwachen Anhaltspunkt. Wenn derselbe das Becken voll Blut neben sich sieht und sich erleichtert und freier auf der Brust fühlt, so ist diese Befriedigung zum grössten Theil ideeller Natur. Der Patient fühlt sein Herz heftig pochen, hat heiss und eng, Wallungen, Gott weiss, welche unklaren Begriffe von Aufruhr des Blutes und Entzündung und nun, wie er eine ordentliche Schale voll sieht von jener Flüssigkeit, der er seine Leiden zuschreibt, deren gesetzliches Quantum er vermehrt glaubt, bildet er sich ein, jetzt werde wieder Alles in's Geleise kommen, es sei ihm eine Last abgenommen u. s. f. Dieser Glaube erfüllt ihn mit rein subjektiver Erleichterung, macht ihn trotz Fibringehalt und überhaupt veränderter Mischung des Blutes, trotz der Exsudate in den edelsten Organen seiner Brust selig. Oh, aber etwas

Unseliges ist es um diese Sucht des Menschen, rationell sein zu wollen und sich mit den wohlfeilen Resultaten seines nur wie ein Akarus die Epidermis etwas annagenden Scharfsinnes, d. h. mit dem alleroberflächlichsten Funde selbstgefällig zufrieden zu geben! Da wir aber hier nichts weniger als die Therapie der Herzkrankheiten abzuhandeln gedenken, so wollen wir die Stellung und Bedeutung des Aderlasses in akuten Zuständen im Obigen nur skizzirt angedeutet haben.

Ganz anders verhält es sich mit dieser Stellung und Bedeutung bei chronischen Zuständen und in dieser Beziehung eröffnet sich kein Feld mehr für die Debatte, sondern hier liegt glücklicherweise ein sicheres Urtheil und ein endgültiger Entscheid im Bereich des Arztes.

Wenn die Natur in fürsorglicher Generosität unsern Organismus mit einer Lebensfülle und Elasticität ausgestattet hat, vermöge deren er eine einmalige, sogar beträchtliche Abgabe von Blut mit schweigendem Indifferentismus erträgt, so hat diese Latitude allerdings ihre Gränze. Wir wiederholen: diese Gränze liegt beträchtlich weiter, als man gewöhnlich annimmt. Unter Anderm beweisen das auch Bouillaud's saignées coup sur coup; wir schreiben diesen nicht die — überhaupt gar keine — Heilkraft zu, wie sie den Gegenstand der goldenen Träume ihres extravaganten Urhebers bildet. Aber unsere eigenen Augen haben uns davon überzeugt, dass sie auch nicht jene mörderische Wirkung besitzen, wie sie als Gespenst in den schwarzen Träumen von Bouillaud's theoretischen Gegnern spukt. Endlich einmal kommt aber jene Gränze, und wenn sie überschritten wird, dann folgt unläugbar Verderben. Ob wir uns heut unser Mittagessen versagen, und nach acht Tagen ebenso, ist für den Gang unsers Organismus vollkommen gleichgültig. Wir sind überzeugt, man könnte ohne die leiseste Spur wahrnehmbarer Wirkung alle 8 Tage einmal ein Mittagessen fallen lassen. Gleichwohl schlösse auch ein solcher Abstinenzversuch im Extrem den Ruin in sich. Patienten, die an chronischen Herzkrankheiten laboriren, pflegen bei den Beängstigungen, an denen sie leiden, folgendermaassen zu raisonniren: mein Herz schlägt übermässig; wenn man Blut heraus lässt, wird es ruhiger werden, sich nicht mehr so anstrengen müssen u. s. f. Dieses Raisonnement könnte man dem Laien passiren lassen. Leider wird es aber gegenwärtig noch von sehr vielen Aerzten getheilt. Auch diese wähnen, wenn sie Blut entziehen, vermindern sie den Druck der Blutsäule, damit die Aufgabe des Herzens, erleichtern sie das Spiel der Klappen und klügeln sich, Gott weiss, noch welche rationelle Indikationen zu einer Venäsektion aus. Was würde wohl ein Hydrauliker sagen, wenn man ihm weiss machen wollte, bei einem Pumpwerke, das nicht mehr geht, dessen mangelhafte Leistung wahrscheinlich auf nicht mehr genau schliessenden Ventilen beruht, sei ganz einfach dadurch zu helfen, dass man ohne alle Untersuchung und Reparatur der Ventile bloss ein paar Pfund Wasser unten aus dem Reservoir ablässt. Das Bild passt für den Moment buchstäblich genau, hinkt jedoch zu noch grösseren Ungunsten der blutlassenden Methode in der Beziehung, dass sich im lebenden Organismus das abgezapfte Blut bald wieder ersetzt; derselbe vermag aber leider, wenn ihm zuviel zugemuthet worden, keinen Ersatz in qualitativer Beziehung mehr zu leisten. Er liefert ein minder koncentrirtes Blut. Nun liegt aber die Ernährung des Körpers in unserm Falle ohnehin darnieder; denn da die Klappen nicht recht schliessen, das Herz sich nicht normal kontrahirt, kann auch die Oxydation und Decarbonisation des Blutes, sowie die End- und Exosmose in den fernsten Enden des Kapillarnetzes nicht normal von statten gehen. Es ist also sonst schlechtes Blut, schon Oedem vorhanden. Dadurch, dass wir Blut lassen, steigern wir die Hydrämie, die Klappen arbeiten unter immer anomaleren physikalischen Bedingungen, kurz, es führt uns die noch allgemein beliebte Methode öfteren Blutlassens in ein solches Meer von Absurditäten, dass für den Arzt an keine wissenschaftliche Ausrede, leider für das Opfer an keine Rettung mehr zu denken ist. Es käme sehr in Frage, ob nicht bei chronischen Herzübeln im Gegentheil periodisch vorzunehmende Transfusionen von wohlthätiger, lebensfristender Wirkung sein würden.

2) **Knappe Diät.** Wenn sich an Valsalva's Name keine andere Erinnerung knüpfen würde, als diejenige an die nach ihm benannte Kur, zo wäre dieser Name zwar vielleicht nicht minder bekannt, als er es gegenwärtig ist. Allein er wäre blos berüchtigt als der Name eines Arztes, der eine der monströsesten Verirrungen menschlichen Raisonnements zu Markte gebracht hat. In Valsalva's Kur scheint uns noch ein Stück von dem finstern und fanatischen Unverstand einer Zeit zu liegen, die sich um kein Jahrhundert früher an Autodafé's zu weiden vermochte. Valsalva hat daher zum Frommen eines bessern Andenkens gehandelt, dass er sich durch seine trefflichen Untersuchungen über das Gehörorgan die Gunst der Nachwelt in unzweideutigerer Weise sicherte; und wer könnte endlich den verehrten Lehrer Morgagni's überhaupt noch mit grollendem Blicke betrachten? Ist auch gegenwärtig von einer strengen Durchführung der Hungerkur von Valsalva keine Rede mehr, so gibt es immer noch Aerzte genug, die sich durch das Hirngespinnst einer trüglich rationellen Supposition, als vermöchten sie auf diesem Wege eine Beschwichtigung der Anstrengungen des Herzens zu erzielen, verleiten lassen, ihre Herzkranken auf karge Diät zu setzen. Wenn die Funktion des Herzens durch eine pathologische Veränderung im Organe bleibend beeinträchtigt ist, so kann die Therapie, welche am Herzen selber nichts zu bessern vermag, nur folgende zwei Rücksichten verfolgen: sie sucht 1) alle andern bei der Cirkulation in Frage kommenden

Bedingungen möglichst auf dem Normalen zu halten, sie sorgt also z. B., dass das Blut möglichst das physiologisch gesunde sei; denn wir können uns nicht anders denken, als dass degenerirte Klappen vollends ungenügend bei zu wenig oder zu wässerigem Blut arbeiten, und dass der gewohnte Reiz, den ein chemisch normales Blut auf[die Klappen und das Endokardium ausübt, nothwendig auch mit ein Moment zur regelrechten Thätigkeit ist; 2) sucht die Therapie nachzuhelfen und auf künstlichem Wege zu erreichen, was die gestörte Herzfunktion nicht mehr völlig zu leisten vermag. Ein krankes Herz ist nicht im Stande, den Körper auf die Länge genügend zu ernähren. Um so dringlicher ist es die Aufgabe der Therapie, die Ueberhandnahme und den schliesslich unausbleiblichen Sieg der Hydrämie hinauszuschieben, zu versuchen, die Lebenssäfte möglichst lange in normaler Komposition zu erhalten, und diesen Zweck erreicht sie bloss dadurch, dass sie kein Blut raubt, sondern Blut zu erzeugen sucht und also den Kranken reichlich nährt. Auch die treffliche Wirkung des Eisens in solchen Fällen möchte auf diesem Wege zu erklären sein. Es kann sich da niemals um Erzielung einer Heilung, bloss um Gewinnung von Lebensfrist handeln, wozu übrigens nicht etwa nur reichliche Ernährung, sondern im Allgemeinen das Regimen beiträgt.

Wir können uns hier unmöglich einen Exkurs versagen, welcher zwar nothwendig die Form eines Ausfalles gegen ein sehr wichtiges Kapitel der medicinischen Diätetik annehmen muss. Allein bei der Wichtigkeit, welche die Diät in Fällen chronischer Herzkrankheiten besitzt, hat man alle Ursache, sich die leitenden Grundsätze klar zu machen.

Ausser der Aetiologie möchte es in unserer Wissenschaft keinen Zweig geben, in dem es von doctrinären Willkührlichkeiten und Absurditäten so sehr wimmelt, wie in der Diätetik, und in dieser bildet das Kapitel von der Verdaulichkeit und Nahrhaftigkeit einzelner Gruppen von Nahrungsmitteln ein Gebiet, auf dem die tiefste Ignoranz unter der Hülle einer Sicherheit einhergeht, die sich die apodiktischsten Aussprüche anmasst. Wir können z. B. nicht umhin, dem allgemein angenommenen therapeutischen Lehrsatz, dass in Entzündungen nur sogenannte indifferente Pflanzenkost zu reichen, Fleischkost zu vermeiden sei, für eine vorgefasste Meinung, für eine jener unseligen, sich im Schimmer einer angeblichen Rationalität brüstenden, an sich aber tief irrthümlichen, wenigstens zur Stunde auch von ferne nicht begründeten Spekulationen zu halten. Die Physiologie der Verdauung gibt uns zu derartigen Vorschriften und Entscheiden auch noch nicht die mindeste Berechtigung. Im Gegentheil, wenn wir den zuverlässigsten Forschungen auf diesem Gebiete Anhaltspunkte für diätetische Vorschriften entnehmen wollen, so werden wir nothwendig darauf geführt, im Fleisch, resp. Fleischlösungen die allerverdaulichste und zweckmässigste Nahrung für Kranke zu finden. Wirklich greifen auch wir, sobald das akuteste Stadium einer Krankheit vorüber ist, und der Patient noch gar nicht zu essen, nur hie und da zu trinken verlangt, am allerliebsten zu einem schwachen Bouillon und ziehen diesen weit allen Arten von Thee's, Tisanen, Brotwassern u. s. f. vor. In dem so lang anhaltenden fieberhaften Stadium eines Rheumat. acut. reichen wir gleich von Anfang Bouillon (bald mit salpeter-, bald phosphorsaurem Natrium gesalzen), und wir halten die Furcht, durch Fleischnahrung den Fibringehalt des Blutes, die Neigung zu Entzündung zu vermehren, für blosse aprioristische Chimäre. Im Magen verdaut sich gar nichts so leicht, als Fleisch in passender Form und die Bildung der Peptone geht bei Weitem müheloser vor sich, als die Verdauung jener Schleim- und Stärkmehlmittel, mit denen man die Kranken zu stopfen pflegt. Ich halte Bouillon, selbst ein Stückchen Fleisch für weit verdaulicher, dem Organismus geringere Anstrengung aufbürdend, als Emulsionen, Schleime, (selbst noch im Brotwasser findet man unter dem Mikroskop immer noch unveränderte Stärkemehlkörner), was Alles der Organismus mit ungleich grösserem Aufwand von Kraft sich assimilirt, als die Proteinkörper des Fleisches. Oder es steht die Sache wenigstens nicht weiter als auf dem Punkte: alle diese Fragen sind noch nicht gelöst, man weiss den eigentlichen Sachverhalt noch nicht; folglich ist auch die Ansicht, dass eine Emulsion, ein schleimiger Trank, etwas Brot verdaulicher, indifferenter und einem Kranken zuträglicher, weniger nachtheilig sei, als eine Proteinlösung, wie Bouillon oder als direkt etwas Fleisch, schlechterdings nichts als eine Hypothese (nach unserer Ansicht ein Wahn), welche von der heutigen Physiologie auch nicht im Mindesten unterstützt, weit eher Lügen gestraft wird. Bischoff und Voit's neuere eminente Untersuchungen (Die Gesetze der Ernährung. München.) haben die Liebig'sche Lehre von Respirationsmitteln bestätigt (auf gewisse Modifikationen kommt es hier nicht an). Nun hat uns noch Niemand bewiesen, dass eine Emulsion, von der alle Stunden ein Löffel genommen, ein schleimiges Getränk, das reichlich genossen wird, nicht dazu beiträgt, die Temperatur des Körpers zu vermehren und einer bestehenden Entzündung, wenigstens dem vorhandenen Unbehagen Vorschub zu leisten. Die Möglichkeit einer solchen nachtheiligen Wirkung ist wenigstens nicht zu läugnen. Ein derartiger übler Einfluss fällt aber bei den plastischen Nahrungsmitteln weg. Diese verwandeln sich so leicht in Peptone, gehen in ihrer Totalität (vgl. Bischof) als Harnstoff wieder weg, ihre ganze Assimilations- und Eliminationsbahn ist in Vergleich mit den Thermogenen eine so einfache, klar nachzuweisende, dass bei ihnen an eine Wirkung jener Art kaum zu denken ist. Indessen wollen wir uns wiederum darauf beschränken zu wiederholen: von allen diesen Vorgängen, Einflüssen und Wirkungen wissen wir zur Stunde noch nichts und es ist lächerliche Anmassung, thörichte Selbstverblendung, von antiphlogistischer Kost, von indifferenter Nahrung, von reizloser Diät zu sprechen, darunter Schleime, Oele, Amylacea u. s. f. zu verstehen und ihnen animalische Kost als von entgegengesetzter Wirkung, als unter Umständen nachtheilig und gefährlich gegenüberzustellen. Und du, Lieblingskind der Heilkünstelei, Gummi arabicum! drei Viertheile der medicinischen Welt betrachten dich als die indifferenteste, unschuldigste und harmloseste Substanz, deren Wirkungsweise so klar, wie der liebe Tag, und doch bist du einer der räthselhaftesten Stoffe von allen, die unserem Organismus einverleibt zu werden pflegen! Glücklich ist es gelungen, den Weg auszukundschaften, auf dem die Fette in die Säftemasse übergehen, und vor der Hand wird man sich wohl mit dem unerwartet physikalischen, nicht chemischen Aufschlusse begnügen müssen. Nur das arabische Gummi trotzt noch jeder Erklärung, wie es anders als per rectum wieder den Darmkanal verlässt, und doch weiss eines jener Mährchen, mit denen Scheherzade, die Medicin, ihren gestrengen Herrn und Sultan, das Publikum, in Schlaf lullt, damit er ihr nicht an den Hals gehe, davon zu erzählen, wie gleichwohl jenes Gummi durch siebenfache Wände hindurch bald Husten, bald Harnstrenge beschwichtigt. Und damit die Wirkung auch doppelt verworren, wird das arabische Gummi noch mit Oel verbunden und eine Mischung, über deren Verdaulichkeit und Einfluss auf die vegetative Sphäre kaum Hypothesen gestattet sind, wird kurzweg zum Typus einer rationellen Arznei gestempelt und erfreut sich der allgemeinsten, aber auch gedankenlosesten Verwendung. Und noch guckt hier an einer andern kleinen Ecke die uns so gründlich verhasste graue Ohrenspitze der menschlichen Spekulationssucht, des eitlen Sichbegnügens mit Schaum oder Dunst hervor: damit die Emulsion besonders fein und den Verdauungswerkzeugen schlechterdings nicht lästig falle, erkiesen viele Aerzte Mandelöl statt des gemeinen Olivenöls, als ob erstlich jenes nicht ungleich schneller zum Ekel wird, als dieses, und als ob zweitens uns die Physiologie der Verdauung auch nur den Schatten einer Berechtigung dazu gebe, hinsichtlich der Verdaulichkeit einen Unterschied zwischen Mandel- und Olivenöl zu konstituiren. Warum setzen aber gleichwohl so viele Aerzte Werth auf das Mandelöl in Bevorzugung vor dem Olivenöl? Bloss aus dem kindischen Grunde, weil man mit den Mandeln den Begriff von etwas Feinem, Leckerem und Theuerem verbindet, und nun meint, auch auf der Schleimhaut des Darmes werde sich diese grössere Feinheit äussern, gerade so, wie man Kinder mit Arrowroot füttert, nur weil man sich einbildet, die weit her kommende theure Substanz müsse auch absonderlich excellent wirken, obwohl Weizenmehl nicht nur angenehmer schmeckt, sondern thatsächlich weit nahrhafter ist, als Arrowroot. (Wir möchten dieses nicht einmal als nahrhaft taxiren. Ein Stoff, welcher der so unendlich wichtigen phosphorsauren Verbindungen entbehrt, verdient den Namen eines Nahrungsmittels nicht.) So werden kleine menschliche Schwächen, Eitelkeiten und Gedankenlosigkeiten in die Wissenschaft hinübergetragen und wissen da als deren inhaltsschwere Errungenschaften zu paradiren.

3) Kälte. Wir haben eine grosse Reihe von Experimenten gemacht, um die Frage zu prüfen, mit welcher Geschwindigkeit und in welcher Stärke sich veränderte äussere Temperaturverhältnisse im Innern der Körperhöhlen und im Parenchym der in diesen eingeschlossenen Organe bemerkbar machen. Selbstverständlich konnten diese Versuche nur an Leichen angestellt werden und wurden überhaupt in der Weise vorgenommen, dass in den verschiedenen Höhlen Thermometer befestigt, die Höhlen sorgfältig mit ihren normalen Decken geschlossen und nunmehr auf der äussern Oberfläche der Körper bald heisse Kataplasmen, bald Eisblasen aufgelegt wurden. In bestimmten Zeitvariationen öffneten wir dann wieder die Höhlen und sahen nach, ob sich der Thermometerstand, den wir uns

bei der Einrichtung des Experimentes sorgfältig notirt hatten, in einer Weise verändert habe, die sich nur aus einer Einwirkung jenes auf eine bestimmte Stelle beschränkten höhern oder tiefern Temperaturgrades erklären lasse. Um hierüber bestimmten Aufschluss zu erhalten, namentlich um eines solchen Resultates gewiss zu werden, das ganz unabhängig wäre von den Einflüssen allfälliger Temperaturveränderungen im umgebenden Raume, wurde theils in diesem selbst ein Thermometer beobachtet, theils die Vorsicht gebraucht, wo möglich immer zwei Leichen gleichzeitig den Versuchen zu unterwerfen. Bei der einen ward in der angegebenen Weise verfahren; bei der andern wurden in gleicher Weise die Instrumente eingebracht, der Schädel oder die Weichdecken zugezogen, allein aussen weder Hitze noch Kälte applicirt. Gleichzeitig wurden dann zu einer bestimmten Zeit beide Leichen geöffnet und die beiden Thermometerstände unter sich, sowie mit dem Stande des an der Wand hängenden verglichen. Wenn nur Eine Leiche zur Disposition stand, so wurde in die eine Körperhöhle, z. B. unter das Schädeldach, ein Thermometer gebracht und aussen entweder Eis aufgehäuft oder ein Kataplasma aufgelegt. In die eine oder andere der beiden übrigen Höhlen kam ebenfalls ein Thermometer. Allein indem dann hier äusserlich weder Hitze noch Kälte applicirt wurde, konnte man sich nachher durch eine reine Beobachtung überzeugen, in wie weit sich eine aussen statt findende Temperaturveränderung durch die Kopfhaare, Galea, das Kranium u. s. f. in das Innere des Schädels fortzupflanzen vermöge und physikalisch nachweisen lasse. Da bei diesen Versuchen die Länge der gewöhnlichen Thermometerskala nicht nur ohne Werth, sondern geradezu hinderlich war und es uns vor der Hand nur darauf ankam, im Allgemeinen den Temperaturunterschied kennen zu lernen zwischen einer Körperhöhle, die auf ihrer Aussenfläche erkältet oder erwärmt wird, und einer andern, die bloss dem Einflusse der Temperatur des umgebenden Luftraumes unterliegt, so liessen wir uns eine Reihe eigener kleiner höchst einfacher Thermometer anfertigen, welche bloss einige wenige willkürliche Grade trugen, indessen trefflich, selbst im Innern der Organe selber, wie mitten im Parenchym des Gehirnes geborgen werden konnten. (Dabei trugen sie oben und unten Häkchen oder Stifte, um sie zu befestigen.) Es versteht sich, dass wir, sobald diese primitiven Versuche ein solches Resultat geliefert hätten, dass man auf einen sichern und in die Augen springenden Erfolg, ja auf die Auffindung eines Gesetzes hätte rechnen dürfen, weiter gegangen wären und dem kleinen handlichen Originalthermometerchen das von der Wissenschaft angenommene Instrument substituirt haben würden. Ein solche Veranlassung gewannen wir aber nun leider nicht. Es gelang uns kein einziges Mal, den Stand eines im Innern eines Schädels oder Gehirns verborgenen Thermometers dadurch tiefer zu stellen, dass wir aussen auf den behaarten oder rasirten Schädel eine Eisblase aufsetzten. Ebenso wenig erzielten wir ein Resultat entgegengesetzter Art dadurch, dass wir ein heisses Kataplasma aussen auf das Kranium legten. Genau sahen wir allerdings darauf, dass die Linie wo der Schädel durchgesägt worden, stets ausserhalb der Berührung mit den genannten Agentien blieb. Vorausgesetzt, dass im Anfange die Schädelhöhle zweier Leichen dieselbe Temperatur hatte, was durch ein erstes Experiment festgestellt wurde, stellte sich die Temperatur auch nach zwei Stunden gleichwohl noch immer als dieselbe heraus, mochten auch in diesen zwei Stunden fortwährend auf dem Kopfe der einen Leiche Eis oder Kataplasmen gelegen haben. In der Regel kollationirten wir nach zwei Stunden, mehrere Male auch nach 3—6. Aber auch in diesem Falle gab sich kein Unterschied kund. Länger als sechs Stunden warteten wir nie und wir können daher den Termin nicht angeben, wann jene äusserlich applicirte Kälte oder Hitze endlich doch auch diess schlechten Wärmeleiter, Haare, Knochen, Diploe, wieder Knochen u. s. f. durchdrungen und ihren Einfluss an der Quecksilbersäule bemerklich gemacht haben werden.

Wir hatten die Anregung zu diesen Versuchen keineswegs aus dem Gegenstande geschöpft, der uns hier zunächst vorliegt, sondern es hatten uns die Gehirnkrankheiten den ersten Anlass dazu geboten. Es war uns nämlich gleich sehr von theoretischem Interesse, wie praktischem Werthe, möglichst darüber ins Reine zu kommen, ob sich die Wirkung von Eisblasen, die wir in Fällen von Meningitis u. dgl. auf den Kopf zu legen pflegen, wohl bis ins Innere des Kraniums und in das Gehirn selber fortpflanze. Wir haben uns von dem Gegentheile überzeugen müssen; haben weiterhin gefunden, dass keine Rede davon ist, dass auf den Thorax oder das Abdomen applicirte Kälte oder Wärme die Temperatur der innern Räume und Organe wesentlich erniedrige oder steigere. Wir anerkennen zwar vollständig, mit welcher Behutsamkeit man Resultate, die am todten Körper gewonnen worden, auf den lebenden Körper übertragen soll. In unserm Fall hatten wir bloss an der Leiche experimentirt, und es möchte daher immerhin noch als offnes Problem betrachtet werden, ob gleichwohl nicht im lebenden Organismus unter den geschilderten Verhältnissen eine Temperatureinwirkung nach innen statt finde. Für unsere Person möchten wir aber auch das verneinen. Es handelt sich bei dieser Frage um eine so einfache und bestimmte physikalische Erscheinung, dass sich solche im lebenden Körper schwerlich wesentlich anders gestalten wird, als im Kadaver. Im Gegentheil halten wir eine Modificirung der Temperatur des Körpers durch lokale äussere Applikationen noch für weit unwahrscheinlicher beim lebenden, als beim todten Menschen. Ob wir Eis auf den Scheitel, Kataplasmen auf den Unterleib legen, der Organismus erzeugt in seinem Innern eben diejenige Temperatur, welche die nothwendige und unerlässliche Folge bestimmter physiologischer Bedingungen ist. Dabei können wir nicht umhin zu bemerken, dass die erste Folge der äussern Anwendung von Kälte bei innern Entzündungen kaum eine andere als die der gewünschten entgegengesetzte sein könnte. Wenn man Eis auf den Kopf häuft, so ist der Einfluss dieses Heilversuches auf das Gehirn entweder gleich Null, oder aber es kann sich ein Einfluss wenigstens in erster Linie in keiner andern Weise geltend machen, als dadurch, dass die Kälte die Gefässe des Schädels kontrahirt, theilweise lähmt, aussen die Cirkulation hemmt, was zur unmittelbaren Folge Stase und Blutanhäufung im Innern haben muss.

Gegenwärtig fällt es zwar keinem Arzte mehr ein, die Valsalva'sche Kur mit der geforderten eisernen, aber auch unsinnigen Konsequenz durchzuführen. Gleichwohl taucht die Empfehlung der Anwendung von Eis auf die Herzgegend bei diesen oder jenen Zuständen immer wieder von Neuem auf. Es wird damit in unklarer Weise der Begriff eines Antiphlogistikums verbunden, dessen Wirkung sich bis auf die Herzfunktion erstrecken und diese beruhigen soll. In Beziehung auf das Herz nur noch die Bemerkung: bei gar keinem andern Organe des Leibes ist so sehr von Glück zu sagen, dass die Wirkung der Kälte nicht so tief hineinreicht, als gerade beim Herzen. Man sollte einmal sehen, was das für einen heillosen Spektakel, wir sind versichert, unverzüglichen Tod absezten würde, wenn der Einfluss des aussen aufgelegten Eises sich im Innern des Herzens noch äussern könnte! Zu einer regelrechten Funktion der Klappen ist eine bestimmte Temperatur nothwendig, mit eine der physikalischen Bedingungen. Dieses Verhältniss und damit die Spannung der Klappe müsste sich, jenen Einfluss vorausgesetzt, ändern und, da bei vorkommenden Temperaturveränderungen der Mensch leider seinen Membranen nicht die gehörige Spannung geben kann, wie der Paukist im Orchester, so wäre eine sofortige Beeinträchtigung der normalen Systole und Diastole die unabweisliche Folge einer derartigen tiefgehenden Erkältung, und diese Störung würde noch vermehrt, sich zur Funktionsaufhebung steigern, wenn sich die Wirkung der Kälte auch noch auf das Blut ausdehnen und dieses nur halbwegs zur Gerinnung bringen könnte. Wir wiederholen: es liegt ein grosses Glück darin, dass eine auf die Herzgegend gelegte Eisblase nicht den Einfluss hat, den sich viele Aerzte denken, gerade wie Heil darin liegt, dass die adstringirenden Arzneien, welche so allgemein zur Stillung ausserhalb des Darmkanals erfolgender, oft sehr entfernter Blutungen gereicht werden, nicht wirken; denn vermöchten sie zu wirken, wären sie im Stande, als solche aus dem Darmlumen in die Blutbahn überzugehen, so wäre ihre erste Wirkung, noch bevor sie der Metrorrhagie oder Epistaxis Stillstand zu gebieten Zeit hätten, einfach die, dass sie im Blute selber Koagulationen hervorrufen und die Cirkulation aufheben würden.

Ueber die Kataplasmen endlich auch noch ein Wort, das im direkten Zusammenhange mit den einleitenden Bemerkungen zu diesem Kapitel steht: seit den ältesten Zeiten hat es sich der Arzt so gedacht, es plausibel und recht einleuchtend gefunden, das ein warmer Brei, den er auf einen Theil des menschlichen Körpers lege, an dieser Stelle die Gewebe erweiche, und kaum ist der Arzt des neunzehnten Jahrhunderts hierin einsichtiger und kritikvoller geworden. Wir stehen nicht an, diesen frommen Glauben für ein Ammenmährchen, eine antiquirte Tradition zu erklären. Wenigstens ist bis zur Stunde auch nicht der Schatten eines wissenschaftlichen Beweises und einer thatsächlichen Begründung jener aprioristischen Vermuthung geliefert worden. Auf die Epidermis, die in Abschilferung begriffen und keineswegs mehr zu den lebenden Geweben zu zählen, sondern ein absterbendes Glied des Leibes ist, mag ein Kataplasma einen gewissen Einfluss üben. Weiter kann aber seine Einwirkung unmöglich gehen, ausser dass es jene angenehme Sensation auf die Nerven ausübt, die überhaupt die Berührung und das Anschmiegen von etwas Weichem, Feuchtem und Warmem für die menschliche Perception besitzt. Aber gesunde, lebende Gewebe erweichen vermag es nimmermehr. Ein normales, in seiner physiologischen Funktion begriffenes Gewebe kann sich überhaupt nicht erweichen, ohne dass es aufhört, gesund zu sein. Die erweichende Kraft, die man Kataplasmen zuschreibt, müsste schlechterdings Funktionsstörungen, pathologische Prozesse u. s. f. nach sich ziehen. Ach Gott, welch gelatinöse Finger müssten nicht Wäscherinnen, Färber, Seifensieder und andere Repräsentanten von hundert Handwerken besitzen, die fast immer mit feuchter Wärme hantiren! und in hoffnungsloser Gastromalacie müsste ja bei einem jeden von uns der Magen zum Platzen kommen, uns, die wir den Magen am Morgen mit einem Kataplasma von weichem Brot und Milch, Mittags von weichem Brot mit Bouillon und Abends von weichem Brot mit Thee belegen! Wir können uns absolut nicht denken und haben alles Recht, genauen experimentellen Beweis statt vager traditioneller Träumerei dafür zu verlangen, dass bei sich bildenden Abscessen das Auflegen von Kataplasmen dieselben „zur Reife" bringe.

Die früher besprochenen Experimente haben uns gezeigt, wie schwierig von aussen her selbst bloss eine hygroskopische Durchfeuchtung der nicht ganz und gar oberflächlichen Gewebsschichten vor sich geht. Auf den Prozess der Eitererzeugung kann aber die hygroskopische von einem Kataplasma ausgehende Durchfeuchtung keinen Einfluss üben, selbst angenommen, diese vermöchte sich in die Tiefe bis an den Herd der Eiterbildung zu erstrecken. Auch die Wärme eines aufgelegten Kataplasma's kommt für die tieferen Schichten des lebenden Körpers total in keinen Betracht.

Ein solches Reifwerden des Abscesses, wie es sich die Mehrzahl der Aerzte denkt, besteht gar nicht; jedenfalls hat aber auf einen pathologischen Prozess, der durchaus im Organismus selber, in der Eigenthümlichkeit des Bindegewebes, in den Lebensbedingungen von dessen mikroskopischen Elementen liegt, ein Leinsamenmuss, das man aussen auflegt, schlechterdings keinen bestimmenden Einfluss. Dagegen ist natürlich die wohlthuende erwärmende und schmerzstillende Empfindung, die mit einem solchen Ueberschlag verbunden ist, nichtsweniger als in Abrede zu stellen und aus diesem Grunde wird man den Kataplasmen noch nicht gleich ihre Dienste künden, so wenig sie auch am Gange der Suppuration etwas zu ändern, auch nur zu beschleunigen vermögen. Nichtsdestoweniger ist mit ihnen der unläugbare Uebelstand verbunden, dass sowohl jene traditionelle Meinung von der Nothwendigkeit, die Reife des Abscesses zu erwarten, als das nicht zu bestreitende Gefühl der Erleichterung, das ein Breiumschlag gewährt, dazu verleiten, die künstliche Eröffnung des Abscesses möglichst lange hinauszuschieben. Durch dieses Zuwarten wird aber dem Umsichgreifen der Eiterung ganz unnöthiger Weise Vorschub geleistet, ebenso die Periode des Schmerzes verlängert. Ueberhaupt unterliegt die Bildung des Eiters, der Zeitpunkt des chirurgischen Eingriffes noch den vielfachsten Missdeutungen und antiquirtesten Phantasieen. Nach unserer Voraussicht droht sogar diesem Erstlingskapitel der Chirurgie, welches man seit Jahrhunderten als abgeschlossen betrachtet hatte, eine neue und vollkommen berechtigte Umwandlung in theoretischer Auffassung wie in der Behandlung.

4) **Exutorien.** Ueber die von innern Organen ab-

leitende Wirkung äusserlich angebrachter antagonistischer Reize und Sekretionen schleppt man sich ebenfalls seit Jahrhunderten mit Voraussetzungen, die, so sehr sie auf einer lockenden rationellen Basis zu beruhen scheinen, gleichwohl der experimentellen und physiologischen schlechterdings entbehren. Sorgfältige, mit Kritik und Unbefangenheit vorgenommene Untersuchungen thun auf diesem Gebiete dringlich noth. Es schmeicheln sich viele Aerzte, dadurch, dass sie auf die Herzgegend ein Vesicans, ein Haarseil u. s. f. setzen, vermöchten sie ein im Innern bestehendes chronisches Uebel, wie Klappenfehler und Hypertrophie, in seinem übeln Einflusse zu mässigen und zu beschwichtigen. Auch wir haben dieser Idee in unserer Praxis reichlich Tribut bezahlt, sind aber dazu gekommen, sie als ungegründetes Gaukelspiel einer oberflächlichen Combination zu erkennen und die von ihr angegebenen Heilversuche fallen zu lassen. Bei chronischen Herzleiden haben wir mit Exutorien nicht die mindeste Besserung erzielt, wohl aber die Schmerzen und Leiden, oder auch nur das Peinvolle und Unbehagliche in der Lage eines Herzkranken, noch um ein gut Stück vermehrt. Eine Herzhypertrophie, eine Insufficienz wird von einem Vesicans aussen auf der Brust so wenig in ihrer Wirkung und Entwicklung beeinflusst, als die Degeneration der Augenhäute sich durch ein Setaceum stören lässt, das man in den Nacken des sich als so willigen Opfer unter das Beil des Arztes beugenden Patienten setzt. Wenn ein Exutorium die angenommene ableitende Kraft besässe, so wäre vorauszusetzen, dass sich dieselbe doch wohl zunächst da äussern würde, wo die Verhältnisse gestatten, die Ableitung nicht an einer durch Muskeln, Knochen und hohle Räume entfernten Stelle, sondern in unmittelbarer Berührung mit dem Sitze des Uebels anzubringen. Wir haben in beinahe unzähligen Fällen von Panaritien, Abscessen überhaupt, Bubonen, chronischen Exanthemen, Erysipelas bald Vesicantien, bald kaustisches Kali, bald das Brenneisen angewandt und eiternde Flächen angelegt, aber keinen einzigen Fall erlebt, in dem es uns zur bestimmten Ueberzeugung gekommen wäre, dass wir wirklich „abgeleitet" hätten. Selbst Erysipele genirten sich in ihrem Entwicklungsgange auch nicht einen Deut um unsere Moxen. Uns ist es rein unbegreiflich, wie ein bekannter, ganz ausgezeichneter medicinischer Forscher in seiner jüngst erschienenen Arbeit über die Epilepsie voll tröstlicher Zuversicht den Glauben nähren kann, dadurch, dass man einem Epileptischen ein Haarseil in den Nacken setzt, könne man auf den mysteriösen Prozess in der medulla oblongata einwirken und von da ableiten.

Gerne schliessen wir mit der Kundgebung unseres positiven therapeutischen Vertrauensvotums in Sachen der chronischen Herzkrankheiten. Es beruht dieses unser Vertrauen auf der Digitalis und dem Opium, dem Eisen und einer nahrhaften Diät, auf dem Regimen und, wo die Verhältnisse es erlauben, in der Uebersiedlung in ein Klima, wie Venedig u. dgl. Gewiss soll eine derartige Vertauschung des Wohnsitzes mit einem unter günstigerm Himmelstrich gelegenen bei Herzkranken nicht minder betont werden, als bei Phthisischen.